# IMPRESIONES DE UN VIAJE A MARRUECOS

Eduardo Dolkowsky

**Impresiones de un viaje a Marruecos. Eduardo Dolkowsky**


**Imagen cubierta y contracubierta**
Retrato de Eduardo Dolkowsky hecho en el estudio fotográfico de Cavilla & Bruzon, Main Street esquina College Lane, Gibraltar, 1896. Dedicatoria: *A mi simpático y/ buen amigo D. Augusto/ Méndez Guardia en prueba/ de la sincera amistad que le/ profesa: Eduardo Dolkowsky./ Tánger 14 de julio 96*, 165x109 mm (Santa Cruz de Tenerife, colección Carlos Benítez Izquierdo).

**LeCanarien ediciones**
Avda. de Canarias, 12
La Orotava – S/C de Tenerife
www.lecanarienediciones.com
686 186 730

**Primera edición**
Santa Cruz de Tenerife, agosto 2025

**ISBN: 979-13-87771-01-0**
**DL: TF 391-2025**

ANA ÁVILA (ed.)

# IMPRESIONES DE UN VIAJE A MARRUECOS

Eduardo Dolkowsky

# AGRADECIMIENTOS

Carlos Benítez Izquierdo, del Archivo Histórico Provincial de Santa Cruz de Tenerife; Celso Lima Ávila, secretario general del Ayuntamiento del Rosario, Tenerife; Fondo de manuscritos de la Biblioteca Municipal de Santa Cruz de Tenerife; José Perera López, de la Biblioteca General y de Humanidades de la Universidad de La Laguna; María Victoria Pérez Hernández, del área de Patrimonio del Cabildo Insular del Hierro; Laura Rodríguez, directora de LeCanarien Ediciones, La Orotava (Santa Cruz de Tenerife); Maite Ruiz, del área de Patrimonio del Cabildo Insular del Hierro.

Finalmente, un agradecimiento especial va dirigido al Cabildo Insular del Hierro, a través de su consejero de Educación, Juventud, Cultura, Patrimonio y Deportes, Emilio Víctor Hernández Montero, por financiar la edición de este libro.

# ÍNDICE

# EDUARDO DOLKOWSKY: DATOS BIOGRÁFICOS

Eduardo Dolkowsky Skrobonsky nació el 27 de marzo de 1853 en Odesa, ciudad perteneciente a la provincia de Jersón, en Ucrania, por entonces parte del Imperio Ruso[1]. En varias ocasiones puso énfasis en sus orígenes, considerándose un verdadero hijo de las estepas, si bien nunca manifestó rechazo hacia Rusia. Su padre era Eustaquio Vicente Dolkowsky, natural de Bershad, ciudad situada actualmente en la provincia de Vinnytsia, Ucrania, perteneciente a la región de Podolia. Juana Josefa Skrobonsky es el nombre de su madre, natural de Korsun, por entonces de la provincia de Kiev, actual Ucrania, fallecida aún joven, con 36 años, en 1868. Eduardo Dolkovsky tenía ascendencia austriaca por parte del padre. Las dos familias eran miembros de la aristocracia y, como tal, inscritas en el registro, con títulos que Dolkovsky conservaba en su poder y se había preocupado de legalizar. Como él mismo especifica, su fe era la católica, apostólica y romana, siendo bautizado con los nombres de Eduardo Alejandro, el primer nombre tomado de quien fuera su padrino, Eduard Peters, natural de Viena (Austria), por entonces médico de la emperatriz de Rusia.

Dolkovsky se nacionalizaría turco, con la intención de no cumplir con el servicio militar, que era obligatorio, dada "la repugnancia que tendría, acostumbrado como estaba a la independencia y a la libertad, de sujetarse a ese servicio". Para ello, viviendo en Suiza, se trasladó con su padre a Odesa, donde este realizó gestiones cerca de amigos influyentes. En enero de 1874 padre e hijo viajaron a Estam-

[1] Ana Ávila, *Eduardo Dolkowsky (1853-1921). Su personalidad intelectual y entorno familiar, entre Ucrania, Islas Canarias y Jaén*, Isla del Hierro, Cabildo Insular del Hierro, 2024.

bul (entonces Constantinopla), donde los cristianos estaban exentos del servicio militar, naturalizándose, "debido a valiosas influencias", tanto él como su padre y todos los miembros de la familia, quedando inscritos en el "Registro del Consulado Latino", donde lo estaban los cristianos vecinos de la citada ciudad y del Imperio Otomano.

Desde inicios de los años setenta, Dolkowsky se desligó prácticamente de Rusia, viviendo en Alemania y Suiza. Realizó estudios de Medicina en Würzburg, ciudad situada en la región de Franconia, en el norte de Baviera, y en Zúrich, Suiza, y por él mismo sabemos que estuvo viviendo en Le Sépey, parte del municipio de Ormont-Dessous del cantón francés de Vaud, en el suroeste del país, entre los lagos de Ginebra y Neuchâtel. Por motivos familiares que no especifica, siendo un estudiante de Medicina de la Universidad de Zurich se tuvo que ausentar durante un semestre, periodo en el que permaneció en Leópolis, ciudad situada al oeste de la actual Ucrania, centro histórico de la región de Galitzia, que por entonces formaba parte del Imperio austrohúngaro, por lo cual también se le denominó Lemberg. No desatendió su periodo de formación y logró acceder a la universidad de la ciudad y utilizar el equipo destinado a la disección y unos buenos microscopios Hartnack, con los que llevó a cabo investigaciones que creía novedosas viéndose en la necesidad de publicarlas, como él mismo comenta en la introducción del libro que dio a conocer en 1875 (Fig. 1)[2]. Huérfano de madre, la férrea unión hacia su padre hace que sea a él a quien consagra el libro: "Dedicado por el autor a su querido padre Eustach von Dolkowski con verdadero amor filial".

Una vez licenciado, Dolkowsky ejercería la profesión en Suiza, Italia e Islas Canarias (Tenerife, El Hierro). También estuvo residiendo en Austria y, de hecho, renovó su pasaporte en Viena el 30 de septiembre de 1878 y, nuevamente, el 21 de enero de 1882.

Desde joven, Dolkowsky puso en práctica su interés por ver mundo, conocer la naturaleza física de distintos territorios, así como su historia y costumbres. Centroeuropa, Francia, Italia fueron algunos

[2] Disponible en: https://books.google.es/books?id=Ky-2XCD_EYQC&printsec=frontcover&hl=es&source=gbs_ge_summary_r&cad=0#v=onepage&q&f=false

de estos destinos. También conoció ciudades españolas antes de establecerse en Tenerife. Estando en un viaje por los Alpes, la información que le dio un amigo, que describía las Islas Canarias como un auténtico Paraíso, despertó su necesidad de conocer el archipiélago canario, sobre el que se informó concienzudamente en referencias históricas y escritos de viajeros. Su interés era semejante al que experimentaron movimientos artísticos-literarios entre finales del siglo XIX y principios del XX: alejarse del pesado bagaje de la cultura de la vieja Europa en pro de una vida menos industrializada, menos cosmopolita, menos preocupada por el enriquecimiento y más auténtica en sus costumbres ancestrales y ordinarias, un Edén que algunos encontraban en los Mares del Sur, otros, en la sencilla vida de los pueblos, donde el ser humano vive en simbiosis con la naturaleza. Por otra parte, también es la época en que el archipiélago canario es visitado por naturalistas, siendo la literatura de viajes uno de los géneros literarios de entonces.

Dolkowsky llega a Tenerife en 1886, asentándose en el valle de La Orotava y el Puerto de la Cruz para después residir en La Laguna desde 1892[3]. El aprecio de este ucraniano por las Islas Canarias no era tanto el de un turista sino el de un hombre preocupado por conocer sus características físicas, su idiosincrasia histórica y su actualidad social:

> Observador profundo, ha estudiado el clima, el suelo, la flora y la fauna de Canarias: conoce nuestra historia, nuestras costumbres y nuestra sociedad íntima y en la obra que prepara, fruto de tres años de investigaciones y trabajos, es de esperar que se muestre recto é imparcial, colocándose tan lejos de la adulación como de la injusticia[4].

Como extranjero, su presencia no resultaba inadvertida si bien se le creía inglés o alemán, idiomas en los que también se expresaba, además del francés:

[3] Marcelo Gutiérrez Quintero, *Estancia en Tenerife y El Hierro del médico Eduardo Dolkowsky*, Valverde, Ayuntamiento de Valverde, 2021, pp. 43-277.

[4] "Eduardo Dolkowsky", *La Opinión* (Santa Cruz de Tenerife), 25 de abril de 1890.

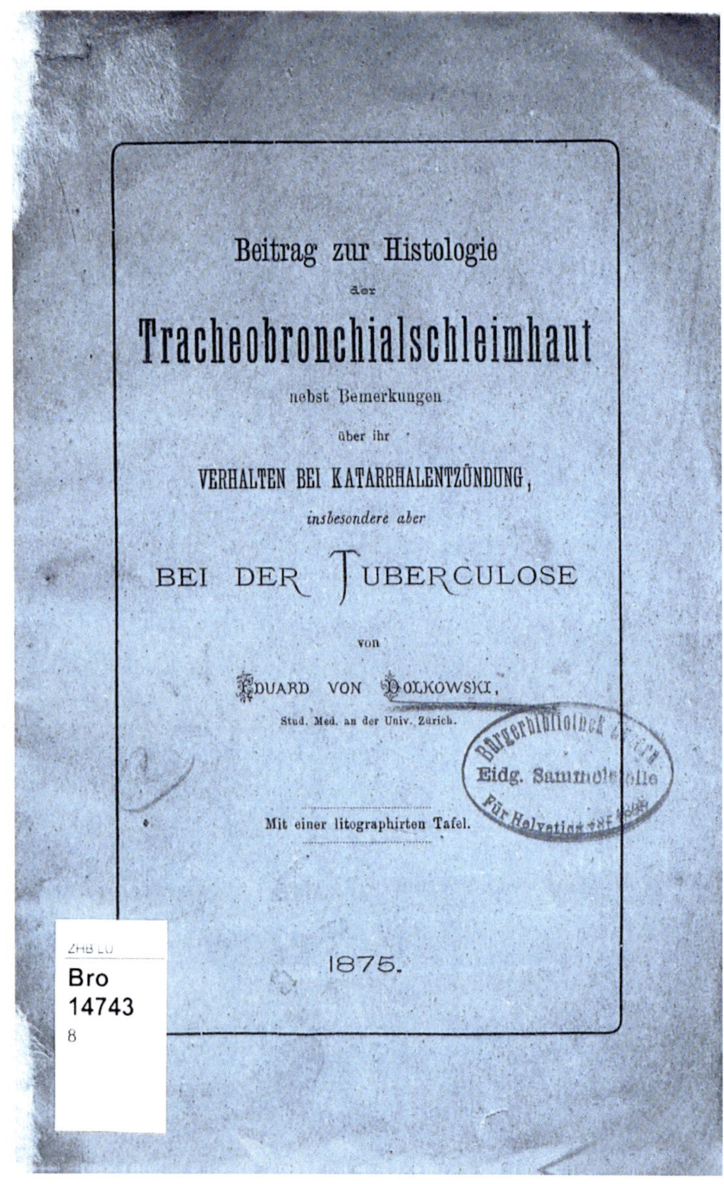

Beitrag zur Histologie

der

Tracheobronchialschleimhaut

nebst Bemerkungen

über ihr

VERHALTEN BEI KATARRHALENTZÜNDUNG,

*insbesondere aber*

BEI DER TUBERCULOSE

von

EDUARD VON DOLKOWSKI,

Stud. Med. an der Univ. Zürich.

Mit einer litographirten Tafel.

1875.



**[Fig. 1]** Eduardo Dolkowsky, *Beitrag zur Histologie der Tracheobronchialschleimhaut: nebst Bemerkungen über ihr Verhalten bei Katarrhalentzündung, insbesondere aber bei der Tuberkulose* (*Contribución a la histología de la mucosa traqueobronquial junto con comentarios sobre su comportamiento en la inflamación catarral, pero especialmente en la tuberculosis*), Lemberg, Verlag des Verfasser, 1875, 52 págs, 2 ilustraciones (Ejemplar de la Universidad de Lucerna, Suiza).

> Hará cosa de tres años llegó al Valle de la Orotava un joven extranjero estableciéndose en una pequeña casa de campo en las inmediaciones del Puerto de la Cruz. Todos creían que era uno de esos ingleses ó alemanes enfermos que, huyendo de las nieblas y hielos del norte de Europa buscan alivio ó la curación de sus dolencias en nuestro privilegiado clima, aunque un observador hubiera desde luego visto en los rasgos de su fisonomía y en su carácter expansivo que en las venas de aquel desconocido corría más sangre eslava que sajona ó teutónica. Bien pronto sus largas excursiones, á pie y á caballo, hasta los extremos de la Isla, sin arredrarle ni el frío del invierno ni los calores del verano, dieron á conocer que el nuevo huésped de la Orotava, lejos de hallarse enfermo disfrutaba de una salud á toda prueba. Su nacionalidad era un misterio, pues con la misma facilidad hablaba alemán é ingles que los idiomas derivados del latín y del eslavo. Un día se supo que era médico[5].

Siendo médico, practicaba su profesión con un carácter altruista, siempre en consideración hacia los humildes y desvalidos, a quienes incluso les proporcionaba medicinas y alimentos: «Héroe oscuro y anónimo del infortunio, no busca la recompensa y rehúye los aplausos, obrando únicamente a impulsos de su noble y honrado corazón», decía de él uno de los diarios tinerfeños[6]. Son innumerables los testimonios que se recogen en la prensa de personas que han sido por él atendidas, incluso ayudadas económicamente, de quien alaban tanto sus conocimientos médicos como la confianza que inspiraba en los enfermos, atendidos con verdadera abnegación, ya que para él la Medicina era "una especie de sacerdocio en favor de los desheredados de la fortuna"[7]. No en vano, Dolkowsky tenía prevista la construcción de un sanatorio de proyección internacional, "donde puedan hallar asilo los enfermos pobres de todos los países, sin distinción de religión y de raza". El histórico periodista Antonio Martí y Martín-Fernández, nacido en Santa Cruz de Tenerife en 1901, teniente de Oficinas Militares, recuerda cómo Dolkowsky atendió a su madre enferma y cuánto se le recordaba en el ámbito familiar:

[5] "Eduardo Dolkowsky", *El Valle de Orotava* (Villa de la Orotava), 3 de abril de 1891.

[6] "Eduardo Dolkowsky", *El Valle de Orotava* (Villa de la Orotava), 3 de abril de 1891.

[7] "Sección Provincial", *La Opinión* (Santa Cruz de Tenerife), 15 de abril de 1890.

> Y como figura borrosa, creo que no muy conocida, pero cuyo nombre se repetía en mi casa una y otra vez, con expresiones de gratitud, recordando cómo curó a mi madre, con sus yerbas y sus procedimientos naturistas, aquel médico que a fines del siglo pasado y principios del actual estuvo en Tenerife: el doctor Dorkowsky [sic, Dolkowsky], a quien generalmente se conocía por el apelativo de "el médico ruso"[8].

La categoría intelectual de este médico fue despuntando, con ideas liberales y convicciones republicanas, relacionándose con la élite política y social e ingresando como miembro en la Real Sociedad Económica de Amigos del País de Tenerife en 1890[9]. Introducido en el ambiente científico y literario de Tenerife, aparece de colaborador de periódicos editados en la isla, como *El Valle de Orotava, La Opinión* y *Diario de Tenerife*, así como de *Siglo XX. Semanario de ciencias, literatura y artes* (1900-1901). Temas de carácter médico y costumbrista dinamizan la prensa canaria bajo la pluma de un hombre culto, forjado en lecturas y viajes por Europa, pero también interesado por Oriente. Sus textos dan cuenta de su conocimiento de la literatura, de la historia y de las ciencias naturales, todo expresado con una conciencia social henchida de sensibilidad.

En "Males y remedios", que dio a conocer en el *Diario de Tenerife* (Santa Cruz de Tenerife) los días 20 y 21 de marzo de 1891, convertido en libro el mismo año (Santa Cruz de Tenerife, Imprenta de Vicente Bonnet), es llamativa la cultura histórica y literaria que Dolkowsky demuestra tener, conocedor de un amplio abanico que va de los clásicos a los contemporáneos, mencionando también autores vivos. Le preocupaba cuestiones como la educación, la higiene, la emigración, el trabajo del obrero -redactó el *Proyecto de estatutos y reglamento de la Cooperativa Obrera Tinerfeña*, publicado en 1895 (Santa Cruz de Tenerife, Imprenta de Vicente Bonnet)-, el desarrollo de la economía y la protección del trabajador a través de un Monte de Piedad y

[8] Antonio Martí, *Setenta años (De la vida de un hombre y de un pueblo)*, Santa Cruz de Tenerife, Imprenta Editora Católica, S. L., 1975, p. 16.

[9] Real Sociedad Económica de Amigos del País de Tenerife, *Libro de miembros de la Real Sociedad Económica de Amigos del País de Santa Cruz de Tenerife*; se le nombra socio el 1 de enero de 1890, siendo residente en el Puerto de la Cruz.

Caja de Ahorros, la prosperidad económica del archipiélago a través del potencial turístico, etc. También le sedujo la conservación de la naturaleza, amenazada por la tala descontrolada de árboles, y el maltrato hacia los animales. A pesar de su defensa de productos naturales -como el hielo- frente a los componentes farmacéuticos, Dolkowsky hace su particular tributo a químicos y médicos, demostrando una vez más su conocimiento de la historia de la Medicina.

Llegado de tan lejanas tierras, formado en universidades centroeuropeas y experimentado a través de lecturas y de viajes, Eduardo Dolkowsky pronto se integró en el ambiente vital de Canarias, particularmente en sus años en La Orotava y el Puerto de la Cruz:

> Ya no me considero extranjero en esta hidalga tierra ni soy extraño á sus costumbres, tan sencillas y patriarcales en algunas comarcas, que me recuerdan las de la República Helvética, donde pasé los más floridos años de mi juventud[10].

Desde Canarias este médico ruso siguió fortaleciendo su espíritu viajero y sus ansias de conocer nuevos lugares y costumbres. Viajó en distintas ocasiones a la península ibérica. En una de estas estuvo en Gibraltar en 1896, tal como testimonia un retrato del estudio fotográfico Cavilla & Bruzon, firma de la asociación entre Alexander Cavilla (n. 1843) y Joseph Bruzón (n. 1847), situado en la calle más comercial de la ciudad, Main Street con esquina a College Lane (Portada y contraportada). Desde aquí envía dicha fotografía a uno de sus amigos canarios, Augusto Méndez de Lugo y Xuárez de la Guardia. Nacido en 1829 en Icod de los Vinos fue diputado provincial por los distritos de La Orotava (1860-1862; 1874-1875), Puerto de la Cruz (1875-1877) y Los Llanos de Aridane, La Palma (1877), llegando a ser nombrado Caballero Comendador de la Real Orden Americana de Isabel la Católica. Este político e intelectual contrajo matrimonio en La Orotava con Herminia Beatriz Lucía de Ascanio y Estévez, jefe de

[10] Eduardo Dolkowsky, "Una carta. Una escuela.- Más sobre toros" (Puerto de la Cruz, 2 de junio de 1893), *Diario de Tenerife* (Santa Cruz de Tenerife), 8 de junio de 1893, p. 2.

la línea menor de la Casa de Ascanio, reconocida familia tinerfeña, y falleció en 1896[11].

Gibraltar era una zona de paso para dirigirse al norte de África, pues Tánger fue su destino. A finales del siglo XIX, esta era una ciudad cosmopolita y comercial favorecida por igual con aguas del Atlántico y del Mediterráneo, imán para muchos extranjeros, no solamente franceses, tanto para pintores (desde que Delacroix la visitara en 1832) como para escritores.

Acabando el siglo, en 1899 contrae matrimonio, cuando ya tenía 46 años, con Teresa de Dueñas y Tejedo, una madrileña viuda de un capitán de Artillería también peninsular. La pareja tendrá un hijo y se asentará en 1901 en la isla del Hierro, donde fue nombrado Hijo Predilecto por su Ayuntamiento en 1903 dada su dedicación altruista a personas de diversa extracción social, al no haber médico titular en la isla. Su presencia y generosidad, no obstante, generó desconfianza en algunos herreños, no habituados a que un extranjero revolviera las conciencias con sus ideas liberales, no por todos compartidas. Este ambiente se hizo insoportable para el matrimonio que abandonó la isla ya que consideró que sus vidas estaban en peligro. Testimonios de su paso por El Hierro son algunas fotografías tomadas por una de las mejores amistades que cultivó en la isla, Matías Padrón Padrón (1854-1926), pero también habría que destacar los libros que se conservan donados por él tanto a amigos como al Gabinete Instructivo, en los que estampó su firma.

La familia Dolkowsky-Dueñas parte en 1905 hacia la península, estableciéndose en Andújar, ciudad jienense en la que el médico fallecería en 1921, con 67 años. No se conserva ningún testimonio escrito de carácter literario -ni manuscrito ni publicado- de su estancia en la isla del Meridiano ni de su periodo en Jaén, en donde consta que desde que llegó ya tenía mermada su salud. Desde las dilatadas tierras de olivo, también como propietario, Dolkowsky seguía en contacto epistolar con amistades herreñas, incluso les enviaba libros con de-

[11] *Nobiliario y Blasón de Canarias: diccionario histórico biográfico, genealógico y heráldico de la provincia*, edición de Francisco Fernández de Bethencourt, Santa Cruz de Tenerife, 1878, I, pp. 755-756.

dicatoria incluida. Prueba de esta vinculación con la ya lejana isla es la donación que hizo al Gabinete Instructivo de Valverde fundado el 9 de junio de 1901, el mismo año del establecimiento del médico ruso en la isla y posiblemente impulsor del mismo. Se trata de los nueve tomos, en distintas ediciones, que conforman *Teatro crítico universal, o Discursos varios en todo género de materias para desengaño de errores comunes* (1726-1739), escritos por Benito Jerónimo Feijoo (Figs. 2-5).

Todos los tomos tienen el sello estampado del donante, con su nombre, localidad de residencia y fecha (1908): *Eduardo Dolkowski/ Andújar-Jaén/ 6-4-08.* También el sello de la citada institución, con el mismo tono que el de su nombre, dando a entender que aquel disponía de sello institucional: un óvalo con doble moldura paralela en cuyo interior está en nombre de la asociación y la localidad donde se ha fundado (GABINETE INSTRUCTIVO. VALVERDE DEL HIERRO), título escrito a mano por Dolkowsky en todos los tomos, haciendo constar la pertenencia del libro; en el campo central aparece un árbol (el de la sabiduría y al mismo tiempo el del mítico Garoé) y a ambos lados del tronco las palabras AMOR SAPIENTIAE.

En el primero de los tomos, Dolkowsky hace un encendido elogio de la obra de Benito Jerónimo Feijoo y Montenegro, religioso benedictino, polígrafo y ensayista, nacido en 1676 en Pazo Casdemiro, Pereiro de Aguiar (Orense), y fallecido en Oviedo en 1764, una figura significativa de la primera Ilustración español. Para el médico ruso, se trata de un buen liberal y todas sus ideas las debió leer como cosa propia, de tal manera que la colección que dona considera que debe estar en todo Gabinete Instructivo de España:

> Ha sido fray D. Benito/ Jerónimo Feijoo un espí-/ritu muy bien equilibrado/, un verdadero sabio enci-/clopedista y en el siglo 17/ más liberal que muchos/ charlatanes que se pre-/cian de liberales en el/ siglo 20.

Este libro no debería faltar/ en ningún Gabinete Instruc-/tivo de España.
Eduardo Dolkowsky
Andújar 7 mayo 1908[12].

[12] En este corto comentario Dolkowsky coincide con la lectura que se suele dar a esta magna obra de Feijoo: "El objetivo con el que inicia su *Teatro crítico universal* queda expuesto desde el primer momento con toda claridad: «impugnar errores comunes» —«desengañar» al vulgo de ideas que, por estar admitidas como verdaderas, le son perjudiciales—, y proponer la verdad. Un objetivo que en realidad traspasa la literalidad del enunciado y forja un vasto programa de reforma intelectual que se despliega en una constelación de frentes diversos y complementarios: sacudir la inercia intelectual y estimular la reflexión, fomentar el espíritu crítico y la lectura, desenmascarar mitos y prejuicios sin base racional, diluir dogmatismos y propiciar un sano escepticismo, importar los nuevos conocimientos científicos y filosóficos del extranjero y difundir los nacionales, concienciar sobre la necesidad de someter el propio conocimiento y la vida práctica a un criterio de racionalismo experimental, combatir el monopolio escolástico, la charlatanería, la hostilidad a lo nuevo, la xenofobia, y toda suerte de corporativismos (regionales, religiosos, etc.), animar a sustraerse al peso aplastante de autoridades e ideas fosilizadas («tenaz adherencia a las máximas antiguas»), depurar la religiosidad de supersticiones y falsedades, y en fin, insuflar espíritu de progreso, tolerancia intelectual y apertura a Europa. Y junto a todo eso, «proponer la verdad», es decir, expresar pensamiento, decir lo que a su modo de ver y entender, desde su experiencia y capacidad analítica, considera ser cierto en la infinidad de cuestiones que saca a la exposición pública de su «teatro» (=escenario) virtual" (Inmaculada Urzainqui (Universidad de Oviedo "Biografía de Benito Jerónimo Feijoo (1676-1764)" https://www.cervantesvirtual.com/portales/benito_jeronimo_feijoo/autor_biografia/

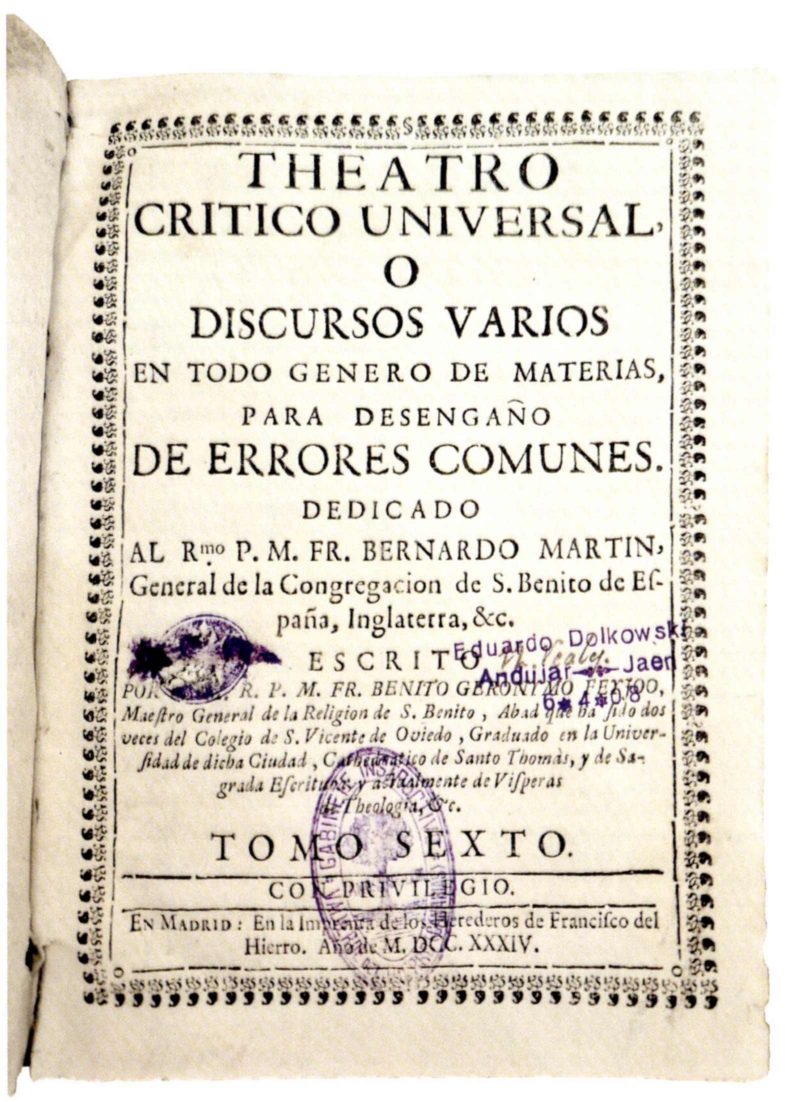

THEATRO CRITICO UNIVERSAL, O DISCURSOS VARIOS EN TODO GENERO DE MATERIAS, PARA DESENGAÑO DE ERRORES COMUNES.

DEDICADO AL Rmo P. M. FR. BERNARDO MARTIN, General de la Congregacion de S. Benito de España, Inglaterra, &c.

ESCRITO POR EL R. P. M. FR. BENITO GERONYMO FEYJOO, *Maestro General de la Religion de S. Benito, Abad que ha sido dos veces del Colegio de S. Vicente de Oviedo, Graduado en la Universidad de dicha Ciudad, Cathedratico de Santo Thomàs, y de Sagrada Escritura, y actualmente de Visperas de Theologia, &c.*

TOMO SEXTO.

CON PRIVILEGIO.

EN MADRID: En la Imprenta de los Herederos de Francisco del Hierro. Año de M. DCC. XXXIV.

**[Fig. 2]** Benito Jerónimo Feijoo, *Teatro crítico universal, o Discursos varios en todo género de materias para desengaño de errores comunes*, t. 6, Madrid, Imprenta de los Herederos de Francisco del Hierro, 1734 (Ejemplar conservado en el Cabildo Insular del Hierro).

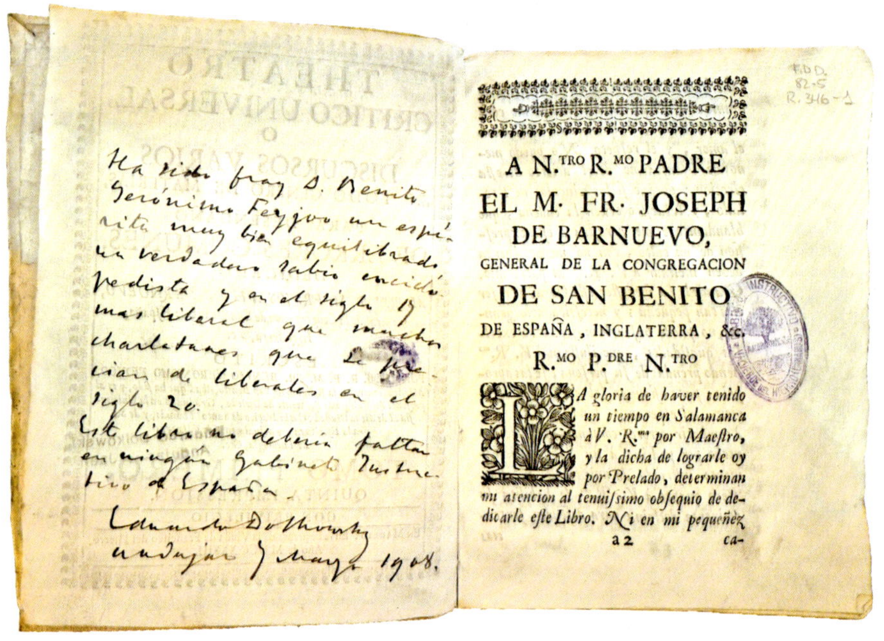

Ha sido fray D. Benito Jerónimo Feijoo un espíritu muy bien equilibrado, un verdadero sabio enciclopedista y en el siglo 17 mas liberal que muchos charlatanes que se precian de liberales en el siglo 20.
Este libro no debería faltar en ningún gabinete instructivo de España.

A N.TRO R.MO PADRE
EL M. FR. JOSEPH
DE BARNUEVO,
GENERAL DE LA CONGREGACION
DE SAN BENITO
DE ESPAÑA, INGLATERRA, &c.
R.MO P.DRE N.TRO

LA gloria de haver tenido un tiempo en Salamanca à V. R.ma por Maestro, y la dicha de lograrle oy por Prelado, determinan mi atencion al tenuissimo obsequio de dedicarle este Libro. Ni en mi pequeñez
a 2 ca-

**[Fig. 3]** Benito Jerónimo Feijoo, *Teatro crítico universal, o Discursos varios en todo género de materias para desengaño de errores comunes*, t. 1, Madrid, Imprenta de la Viuda de Francisco del Hierro, 1733 (5ª ed.) (Ejemplar conservado en el Cabildo Insular del Hierro).

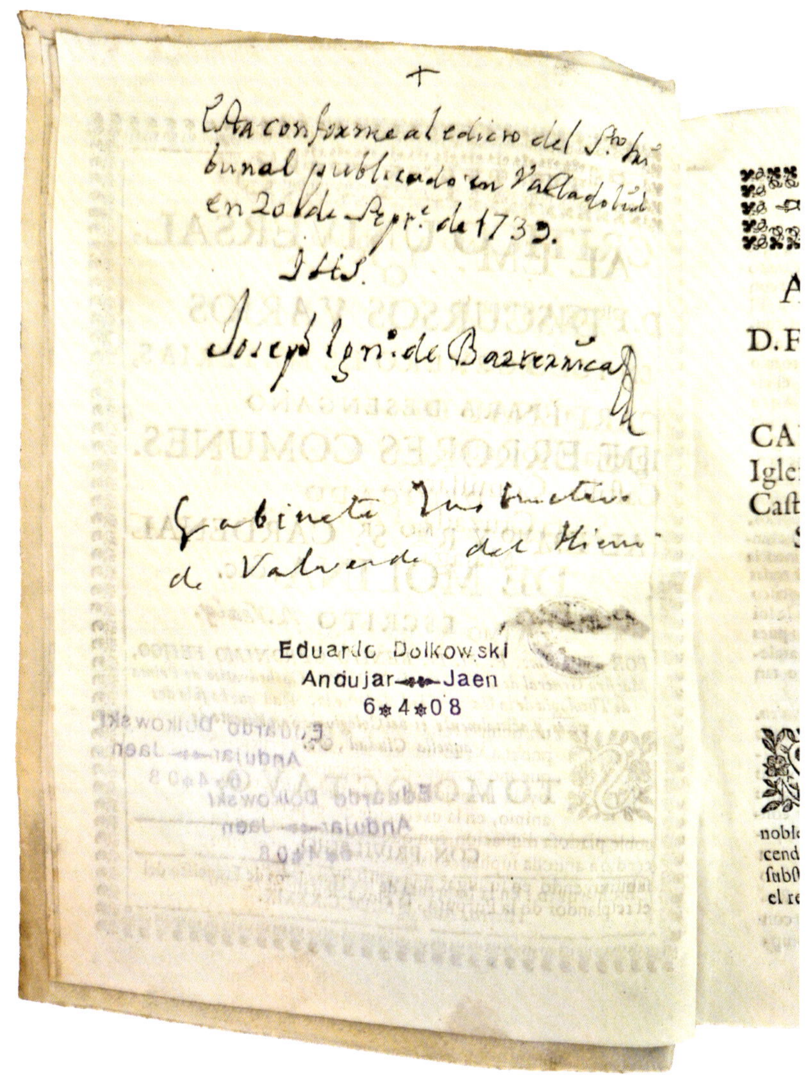


**[Fig. 4]** Benito Jerónimo Feijoo, *Teatro crítico universal, o Discursos varios en todo género de materias para desengaño de errores comunes*, t. 8, Madrid, Imprenta de los Herederos de Francisco del Hierro, 1739, con notificación de haber pasado por la censura del Santo Oficio (Ejemplar conservado en el Cabildo Insular del Hierro).

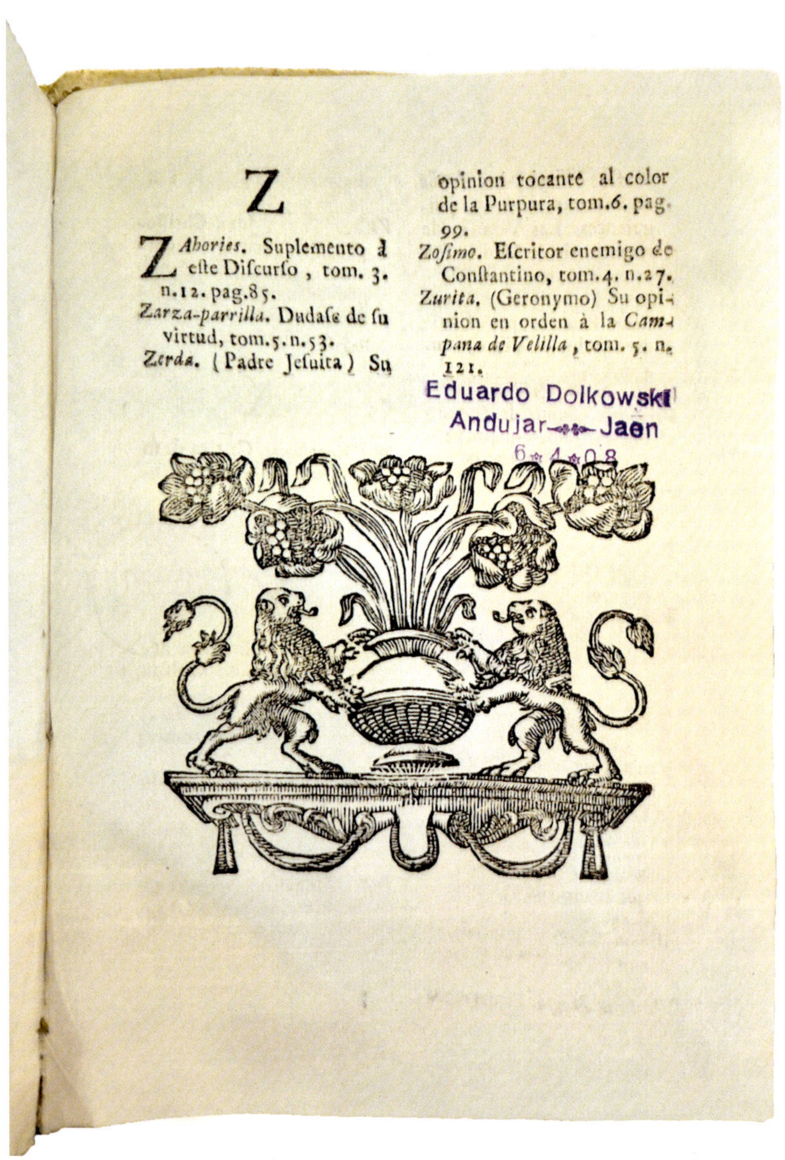

Z

*Z Abories.* Suplemento à eſte Diſcurſo, tom. 3. n.12. pag.85.

*Zarza-parrilla.* Dudaſe de ſu virtud, tom.5.n.53.

*Zerda.* (Padre Jeſuita) Su opinion tocante al color de la Purpura, tom.6. pag. 99.

*Zoſimo.* Eſcritor enemigo de Conſtantino, tom.4. n.27.

*Zurita.* (Geronymo) Su opinion en orden à la *Campana de Velilla*, tom. 5. n. 121.



**[Fig. 5]** Benito Jerónimo Feijoo, *Teatro crítico universal, o Discursos varios en todo género de materias para desengaño de errores comunes*, t. 9, Madrid, Imprenta de los Herederos de Francisco del Hierro, 1740 (Ejemplar conservado en el Cabildo Insular del Hierro).

# SOBRE *IMPRESIONES DE UN VIAJE A MARRUECOS* (1890)

Se trata en origen de un texto manuscrito que se conserva en la Biblioteca Municipal Central de Santa Cruz de Tenerife. Tenerife Espacio de las Artes (Ms. 224). Escrito en español, si bien en algún momento Dolkowsky comenta sus problemas con esta lengua -"mi mal cortada pluma y mis mal trazados renglones (llenos de galicismos, pues no poseo el idioma español) harán la delicia de muchos críticos y causarán lástima á los literatos de profesión"[13]-, se le considera poseedor de un "profundo conocimiento de nuestro idioma", de lo cual es muestra su redacción, su dominio de vocabulario y el modo de expresar sus ideas[14]. Incluso, se le daba por un "elocuente y castizo escritor, en una legua que, a pesar de no ser la suya, maneja por modo peritísimo"[15].

Escrito en un cuaderno de tapa dura con las hojas en tono ligeramente ocre y numeradas, cuenta con un total de 84 páginas escritas (Figs. 6-8). El texto se distribuye en cuatro capítulos identificados con números romanos (con excepción del I, que no lleva numeración), todos encabezados con el título *Impresiones de Viaje.* En el IV ha añadido una cuartilla como ampliación del texto de la página 2. El segundo y tercer capítulo finaliza con "Se continuará" y "Continuará".

[13] Eduardo Dolkowsky, "Impresiones de viaje", *Diario de Tenerife* (Santa Cruz de Tenerife), 8 de agosto de 1890.

[14] Eduardo Dolkowsky, "Males y remedios", *Diario de Tenerife* (Santa Cruz de Tenerife), 20 de marzo de 1891, p. 2.

[15] "Crónica", *Diario de Tenerife* (Santa Cruz de Tenerife), 2 de abril de1891, donde se hace eco del artículo "Males y remedios", de Dolkowsky, publicado en el *Diario de Tenerife.*

**[Fig. 6]** Cubierta y contracubierta del cuaderno con el manuscrito *Impresiones de viaje a Marruecos*, de Eduardo Dolkowsky, 1890, Biblioteca Municipal de Santa Cruz de Tenerife, Fondo de manuscritos, Ms. 224 [Foto: Biblioteca Municipal de Santa Cruz de Tenerife].

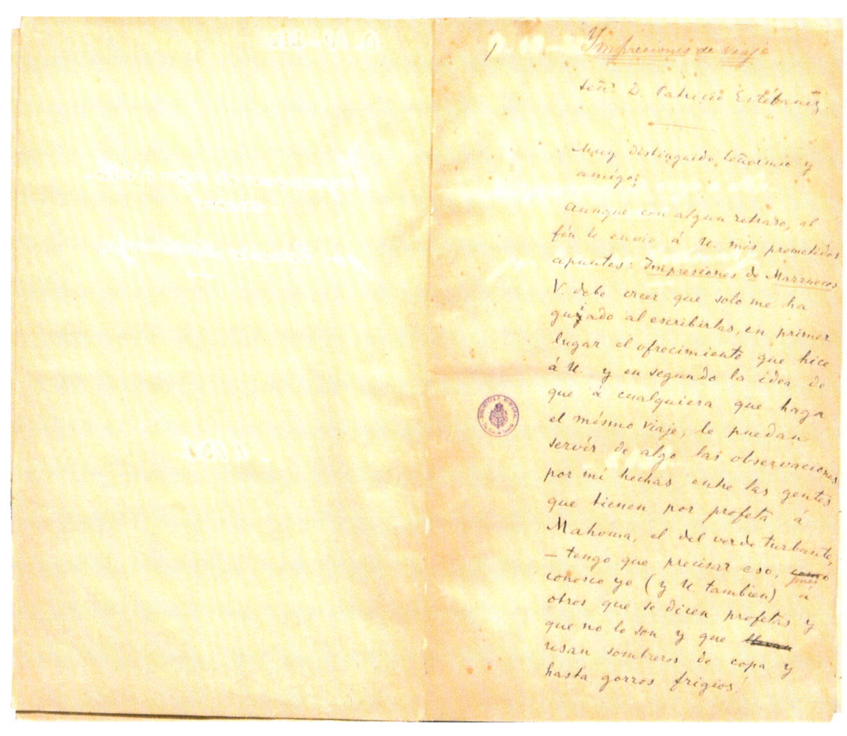

1. Impresiones de viaje

Señor D. Patricio Estévanez

Muy distinguido señor mío y amigo:

Aunque con algun retraso, al fin le envio á U. mis prometidos apuntes: Impresiones de Marruecos. V. debe creer que solo me ha guiado al escribirlos, en primer lugar el ofrecimiento que hice á U. y en segundo la idea de que á cualquiera que haga el mismo viaje, le puedan servir de algo las observaciones por mí hechas entre las gentes que tienen por profeta á Mahoma, el del verde turbante, —tengo que precisar eso, pues conozco yo (y U. tambien) á otros que se dicen profetas y que no lo son y que usan sombreros de copa y hasta gorros frigios!

**[Fig. 7]** Inicio del manuscrito *Impresiones de viaje a Marruecos*, de Eduardo Dolkowsky, 1890 [Foto: Biblioteca Municipal de Santa Cruz de Tenerife].

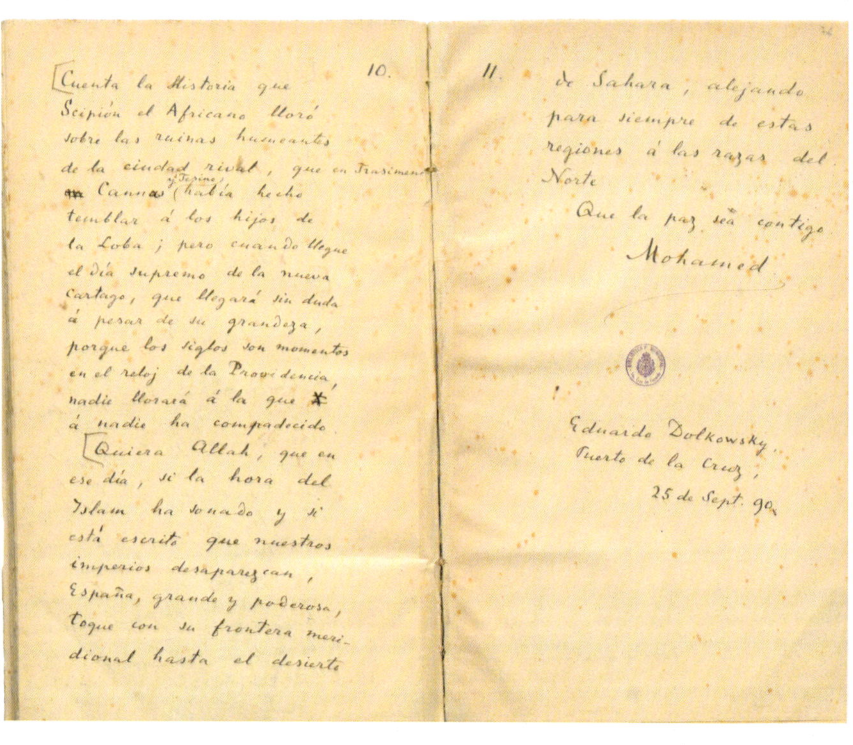
10.

[Cuenta la Historia que
Scipión el Africano lloró
sobre las ruinas humeantes
de la ciudad rival, que en Trasimeno
y Tesino, Cannas (había hecho
temblar á los hijos de
la Loba; pero cuando llegue
el día supremo de la nueva
Cartago, que llegará sin duda
á pesar de su grandeza,
porque los siglos son momentos
en el reloj de la Providencia,
nadie llorará á la que
á nadie ha compadecido.
[Quiera Allah, que en
ese día, si la hora del
Islam ha sonado y si
está escrito que nuestros
imperios desaparezcan,
España, grande y poderosa,
toque con su frontera meridional hasta el desierto

11.

de Sahara, alejando
para siempre de estas
regiones á las razas del
Norte

Que la paz sea contigo

Mohamed

Eduardo Dolkowsky.
Puerto de la Cruz,
25 de Sept. 90.

**[Fig. 8]** Final del manuscrito *Impresiones de viaje a Marruecos*, de Eduardo Dolkowsky, 1890 [Foto: Biblioteca Municipal de Santa Cruz de Tenerife].

Se trata de la crónica de un viaje realizado a Marruecos a partir del 22 de mayo de 1890, producto del cual es un texto redactado entre el 6 de agosto y el 25 de septiembre del referido año. La fecha de 6 de agosto de 1890 aparece al final del primer capítulo, fechado en el Puerto de Orotava (ff. 1-12); el capítulo II (ff. 1-33) lo termina en Puerto (sin especificar), con la fecha de 20 agosto 1890; el III capítulo (ff.1-44) está firmado y fechado en el Puerto de la Cruz el 7 de septiembre de 1890; el IV (ff. 1-11), y último, también está firmado e igualmente se fecha en el Puerto de la Cruz, el 25 de septiembre de 1890. El ingreso del manuscrito en la Biblioteca Municipal podría corresponder al ejemplar donado por el propio Dolkowsky, ya que su nombre se encuentra en la relación de donantes de la "Memoria del año 1895"[16].

Se trata de un texto redactado a instancias de Patricio Estévanez y Murphy, republicano convencido, fundador de varios periódicos en su Tenerife natal, como *La Ilustración de Canarias* (1882-1884) y el *Diario de Tenerife: periódico de intereses generales, noticias y anuncios* (Santa Cruz de Tenerife) (1886-1917), en el que el médico ucraniano da a conocer ciertos trabajos. Así pues, *Impresiones de viaje a Marruecos* se fue publicando en el *Diario de Tenerife*, mediante la tipología de "Cartas". La primera, el 8 de agosto de 1890, nº 1131, pp. 2-3. La segunda, repartida entre el 23, 25 y 26 de agosto de 1890, nº 1143, 1144, 1145, pp. 2-3. La tercera se distribuye en otras tres entregas: 18, 20 y 29 de septiembre de 1890, en los números 1164, 1166 y 1173, todos entre las páginas 2 y 3.

*Impresiones de viaje a Marruecos* se sitúa en el terreno de la literatura de viajes, género literario en boga entre los siglos XIX y XX en que el autor describe lugares, acontecimientos y costumbres, dando pie para exponer su visión de la vida, sus sensaciones frente al espectáculo físico y humano que se le presenta. A través de sus páginas, pulcramente redactadas y de cuidada escritura, se detecta a un hombre de gran personalidad: orgulloso de sus orígenes rusos, viajero por el mundo, conocedor de la historia antigua, moderna y actual, amante de la literatura, con ciertos conocimientos de cultura

---

16 Según informa el *Diario de Tenerife: periódico de intereses generales, noticias y anuncios* (Santa Cruz de Tenerife), 30 de enero de 1896, nº 2762, p. 3.

artística, desengañado de la política, de trato y conversación cosmopolita, amigo de los animales, elogiando lo que de positivo tienen las culturas europeas y orientales, pero también crítico con modos de entender la vida, condescendiente con el prójimo y de mentalidad abierta fraguada en viajes y lecturas.

Dolkowsky albergaba la idea de que el relato de su periplo sirviera de guía para cualquiera que emprendiera el mismo viaje, para instruirse un poco de lo mucho que se puede aprender. Puesto que, según decía, no se concebía ningún viaje sin resultados prácticos, Dolkowsky se propuso para otra ocasión «escribir algunas notas comerciales, botánicas, climatológicas y patológicas, es decir, algo utilizable conforme a las exigencias de la época». En cualquier caso, él se atreve a ofrecer tres referencias bibliográficas sobre Marruecos a fin de que se pueda ampliar lo por él descrito: Serafín Estébanez Calderón (1799-1867), Manuel P. Castellanos (1843-1911) y Julio Cervera Baviera (1854-1927). No obstante, no menciona a Domingo Francisco Jorge Badía y Leblich (Barcelona, 1767-Damasco, 1818), quien también es conocido como Alí Bey o Alí Bey el-Abbassi. Viajero por el norte de África (Marruecos, Argelia, Libia) y el Imperio Otomano, en 1814 dio a conocer sus vivencias en *Voyages d'Ali Bey en Afrique et en Asie*, resultado de sus viajes efectuados entre 1803 y 1807, obra en dos tomos que tuvo gran difusión en Europa y sería traducida al castellano como *Viajes en Marruecos, Trípoli, Chipre, Arabia, Siria y Turquía*. Resulta extraño que Dolkowsky tampoco cite *Memorias comerciales redactadas por el cuerpo consular de España en el extranjero* (Madrid, Dirección General de Aduanas, 1876), por cuanto su autor, José Álvarez Pérez, fue cónsul de España en Mogador desde 1873 a 1879, localidad a la que dedica varias páginas, como, de un modo específico en "Memoria geográfico-comercial de la demarcación del consulado de Mogador", *Boletín de la Sociedad Geográfica de Madrid,* II (1877), pp. 499-518.

No era la primera vez que Dolkowsky se encontraba con la cultura de Marruecos. Ya en 1896 en la ciudad de Tánger pudo constatar la confluencia de costumbres y creencias entre las comunidades del norte del país: musulmana, judía y cristiana, lo cual planea constantemente en su texto.

El médico ruso llevó a cabo el viaje a Marruecos que estamos tratando, siendo su destino Mogador, es decir, al-Sawîra (Esauira), considerada ya entonces una de las ciudades más hermosas del país, en la costa atlántica. Tal como describe en la primera carta, el periplo lo inicia cuando embarca desde el puerto de Santa Cruz en la noche del 22 de mayo amaneciendo en el Puerto de la Luz (Las Palmas). Aunque ya conocía esta ciudad, según confiesa, pone pie en tierra con la intención de visitar determinados hitos de la cultura de la ciudad, lo propio, como también indica, empezando por la catedral, quedándose impresionado con el Teatro Pérez Galdós y lamentándose no haber podido entrar al Museo Canario. Habiendo visto el Hotel Santa Catalina, hace observaciones sobre el estilo de su arquitectura. Así como elogia la fábrica de hielo, por los beneficios que comporta este producto, considera un error tal como está planificado el tranvía de vapor.

El viajero ruso partió de la capital grancanaria por la noche dirigiéndose hacia Arrecife, cuya planitud en una prodigiosa asociación con el agua le hizo recordar Venecia. Con la proa en dirección a Marruecos, la contemplación del grandioso espectáculo marítimo y la incertidumbre de trasladarse a un país africano, tan alejado de su cultura, le dejó sobrecogido. Embarcó en el vapor «La Meuse», de la compañía francesa Paquet, y tuvo la suerte de que su capitán, Scheult, había hecho varios viajes a Rusia y le hablaba con mucho entusiasmo de su tierra, según él mismo confiesa, a la que consideraba «rica y hospitalaria», y todo ello en ruso, su «armonioso idioma materno».

La segunda carta se inicia con la contemplación desde lejos de la costa africana, baja y arenosa. Inmerso en las vicisitudes del atraque, tiene desde ahora oportunidad para hacer comentarios sobre la tipología de los hombres del lugar y su indumentaria. Desde el primer día, Dolkowsky reflexiona con incertidumbre sobre este viaje, sintiendo soledad ante una aventura sin compañía y sin saber qué le puede ocurrir: "(...) solo y sin amigos en una tierra para mí completamente nueva, lo difícil que me sería aprender el idioma y hacer saber que no había venido a explotarles sino como turista y dispuesto a ayudarles en lo que fuera necesario".

De Esauira (o Mogador), de la que estima que su población se cifre entre 18.000 y 20.000 habitantes, Dolkowsky no solamente hace descripciones geográficas y topográficas sino artísticas —a propósito del urbanismo, la arquitectura y el ornato de los interiores domésticos—, y de trascendencia social (religiones, costumbres, indumentaria, gastronomía...). La confluencia de lo musulmán, lo judío y lo cristiano, da lugar a un ambiente que de ninguna manera es pasado por alto por el viajero. Se trata de una cultura que no le debía de ser del todo extraña ya que él conocía Tánger y el Imperio otomano e, incluso, como hemos visto, se había nacionalizado turco. Por entonces, Mogador era un próspero centro económico, dinamizado por comerciantes europeos y judíos marroquíes, activo en su comercio con el exterior.

De la ciudad, Dolkowsky recorre sus laberínticas calles, incluso perdiéndose, y atraviesa y describe las distintas puertas -tanto exteriores como interiores- de este complejo amurallado, así como sus fortificaciones y sus minaretes. Cementerios árabes y palacios salen a su encuentro, como el del sultán, con sus mosaicos multicolores con sentencias del Corán y sus celosías, todo lo cual le produjo una "impresión poética y melancólica a la vez dado su estado ruinoso".

El escritor describe el mundo árabe -realmente, el moro, como él indica-, con el Corán como referencia religiosa y legislativa, con los peculiares atuendos y costumbres de su gente, reconociendo el extraordinario legado árabe dejado a la cultura universal. Conoció muy bien el barrio judío (Melaj), observando las fisionomías de su gente (según él, unos 6.000 habitantes), sus atuendos y joyas, así como sus costumbres, sintiéndose agradecido a algunos judíos, que menciona por sus nombres, de los que obtuvo ayuda.

Dolkowsky quedó impresionado con la nutrida colonia europea, sobre todo de ingleses, un espectáculo "antioriental" que le decepcionaba. Por el contrario, se lamenta de que apenas se oía hablar español, prueba de cómo España ha ido minimizando su influencia no solamente en la región sino en el conjunto del país: "No sé qué causas habrán contribuido para que España haya perdido su preponderancia hasta en el idioma, cuando su historia, su vecindad y hasta parte de su sangre la llamaban a ser la dueña en aquellas regiones tan privilegiadas. El Gobierno español debe, en mi concepto, hacer hoy -sin perder tiempo- todo lo posible para aumentar la influencia en el imperio de los sharifes, no echando en olvido el testamento de Isabel la Católica. Indudablemente España tiene elementos muy valiosos en Marruecos para poder luchar ventajosamente con las otras naciones".

La población de la antigua Mogador se analiza sin acritud a través de la diversidad de creencias religiosas: musulmana, judía, católica, protestante. Mientras que como católico que era, Dolkowsky elogia la extraordinaria labor de los franciscanos, minimiza la implantación del credo protestante, incluso ironiza sobre la circulación de la Biblia, como, según él, ocurría en Rusia, cuyas páginas se usaban para liar cigarrillos.

En esta tercera carta, de la que indica a Patricio Estébanez que será la última ya que tiene otras ocupaciones que hacer, se constata la amistad que había forjado con dos españoles, uno de ellos de apellido aristocrático, Hurtado de Mendoza, con quien hace una visita a un reputado ciudadano marroquí. Es el momento en que describe una vivienda autóctona, de exterior poco narrativo pero su interior de un cautivador ambiente: ladrillos esmaltados, mosaicos, alfombras, cortinajes, mobiliario, ornamentaciones, vajilla... Al misterio de lo visible y de lo oculto se aúna un embriagador olor de las flores... Recibidos por su propietario, Mahamed, entre este y el aristócrata español se inicia un diálogo en que ambas partes expresan sus puntos de vista sobre la cultura árabe y la europea, especialmente la española. Dolkowsky así hace uso del recurso literario del *paragone*, es decir, de la comparación.

La discusión se centra en las aportaciones de las civilizaciones árabe y europea. El marroquí pone en valor los avances en campos variados, en la ciencia y la literatura, defendiendo cuestiones como la poligamia, que el español considera una aberración, opinión apoyada por Dolkowsky quien ironiza con que el problema es que hay que soportar a más de una suegra, único momento en que los tres sonríen la ocurrencia, que vino bien para romper la tensión que se fraguaba en el ambiente. Emergen asuntos como la raza, precisando el marroquí la herencia árabe en suelo ibérico en variados aspectos de la idiosincrasia española. Por el contrario, el interlocutor español minimiza este legado. La última parte de esta tercera carta, que en el manuscrito firma y fecha en el Puerto de la Cruz el 7 de septiembre de 1890, desgrana el repertorio de ideas que Mohamed expresa por escrito a través de una misiva que envió a Hurtado de Mendoza a modo de disculpas por su actitud apasionada en la reunión del día anterior y como aclaración de algunos puntos. Aquí se hace una defensa del papel de España en el mundo a lo largo del tiempo, siempre integrador. En oposición, el modo de proceder de los ingleses, avasalladores e interesados, criticando el expansionismo de británicos y alemanes con pretensiones de repartirse el continente africano para beneficio propio, esquilmando sus recursos naturales.

Habría que considerar que, aun creyendo posible que el español Hurtado de Mendoza y el marroquí Mohamed fueran personajes reales, hay que pensar que en esta vehemente conversación entre ambos planea el pensamiento de Dolkowsky. Como sabemos, en la literatura de viajes se llegan a entremezclar situaciones y personajes verídicos con otros recreados, según venga bien para argumentar las ideas del autor.

El texto publicado periódicamente en el *Diario de Tenerife* se cierra con la firma de Dolkowsky y su residencia en el Puerto de la Cruz el 25 de septiembre de 1890.

# *IMPRESIONES DE UN VIAJE A MARRUECOS* (1890)

## Impresiones de viaje
## I

Sr. D. Patricio Estébanez[17].

Muy distinguido señor mío y amigo:

Aunque con algún retraso, al fin le envío a V[18]. mis prometidos apuntes: *Impresiones de Marruecos.*

Vd. debe creer que solo me ha guiado al escribirlas, en primer lugar el ofrecimiento que hice a Vd., y en segundo la idea de que á cualquier que haga el mismo viaje, le puedan servir de algo las observaciones por mí hechas entre las gentes que tiene por profeta a Mahoma, el del verde turbante.-Tengo que precisar eso, pues conozco yo (y Vd. también) á otros que se dicen profetas y que no lo son y que usan sombreros de copa y hasta gorros frigios!

Como introducción obligada le diré que "mi mal cortada pluma y mis mal trazados renglones" (llenos de galicismos, pues no poseo el idioma español) harán la delicia de muchos críticos y causarán lastima á los literatos de profesión, pero á Vd. le digo confidencialmente,

[17] En el manuscrito se usa la expresión completa ("Señor"). Patricio Estévanez y Murphy (Santa Cruz de Tenerife, 1850-La Laguna, 1926). Afamado literato, político, bibliógrafo, director y fundador del periódico Diario de Tenerife. Concejal del Ayuntamiento de Santa Cruz; elegido segundo vicepresidente del Cabildo Insular; maestro de periodistas. Fue miembro de la Real Sociedad Económica de Amigos del País. https://www.rseapt.es/en/personalities/item/25-periodistas/338-patricio-estevanez-y-murphy

[18] En el manuscrito se usa la abreviatura Vd. como fórmula de tratamiento. Siempre es así a lo largo del texto.

que yo no escribo para esa gente, por lo general muy severa; mis impresiones van dedicadas modestamente a los que deseen y piensen poder instruirse todavía un poco de lo mucho que hay que aprender siempre en este "valle de lágrimas".

De todos modos, estas mis impresiones serán sinceras y por lo tanto amargas algunas veces; pero yo creo que después de lo mucho que se escribe en la prensa mistificando la verdad, bueno es de vez en cuando que no se mistifique.

Salí de Santa Cruz en la noche del 22 de mayo (en el vapor de "La Meuse" de la compañía francesa Paquet) y me desperté delante del Puerto de la Luz.

Conocía Las Palmas desde un viaje anterior; sin embargo, bajé a tierra y, en compañía de un señor francés, fui a visitar la ciudad. No le voy a describir todo lo que he visto porque resultaría molesto para sus lectores, como se trata ya de cosas conocidas. Dejaré hablar a mi compañero el francés, que me pareció algo pesimista aunque siempre gracioso como lo son generalmente sus compatriotas. Fuimos, como en justo, antes de todo a la catedral y noté que todavía no estaba acabada. El francés me dio una explicación que me pareció por cierto algo curiosa. Me dijo: "que se perdió el plano, motivo por el cual no lo han acabado"; yo añadí que se habrá también ya muerto el arquitecto; y el francés me contestó: "Requiescat in pace"[19].

De allí fuimos al teatro que es muy bonito y espacioso, un edificio que podría muy bien estar en una ciudad de primer orden[20]. Cuando entramos pintaban con muchísimo gusto el interior y colocaban butacas muy cómodas y modernas que pocos días antes, según el francés, llegaron de París[21]. Aquí mi compañero se dejó algo correr y

---

[19] La catedral de Santa Ana, que aún no tenía la categoría de basílica, está situada en el barrio de Vegueta, junto a la plaza del mismo nombre. La apreciación de Dolkowsky sobre lo inacabado de la construcción sigue vigente.

[20] Se refiere al Teatro Pérez Galdós, situado en el barrio de Triana, inaugurado en 1890, en aquel momento conocido como Teatro Nuevo.

[21] Tanto aquí como en el siguiente párrafo el nombre de la ciudad en el manuscrito está en mayúsculas, para insistir en la vehemencia de su compañero francés en hablar de su patria.

pomposamente me manifestó que todo lo bueno se tiene que buscar en París. Yo le objeté que no tanto como él se creía, que las demás naciones van ya abriendo los ojos, que por ejemplo[22] en Cataluña las fábricas de tejidos y otras tantas manufacturas nada tienen que envidiar á las francesas[23] y que nosotros, en Rusia, también ya hemos dejado de surtirnos en gran parte de artículos franceses y en particular de cierta clase de vinos que no tienen más que el nombre respectivo sobre la etiqueta, que también nos hemos emancipado de los sastres y de los cocineros franceses y que casi todos los barberos volvieron ya a Francia y nos dejamos pelar, lo que es más justo, por nuestros compatriotas[24]. Si es Alemania ya la veo completamente libre de pagar tributo a Francia, hasta el punto de que allí han hallado el secreto de fabricar el "cognac" con espíritu amílico. Al oír esto el francés no pudo contenerse y me interrumpió vociferando que los anim ... (él quería decir los alemanes, porque hablaba español peor que yo), no tienen otra cosa buena que la cerveza, y la buena se la beben, y la que exportan, que contiene estricnina, picrotoxina, ácido salícílico, etc., es tan execrable, que él, con sus propios ojos, ha visto hasta los estómagos de las salvajes de Dahomey, rechazarla y gritar que estaban envenenados.

Volvimos a hablar del teatro y me dijo que le parecía demasiado grande para la población. Yo le objeté que, ya que Las Palmas es, sin duda, una población del porvenir, me parecía que era ganar tiempo y dinero haberlo hecho algo mayor; a lo que me contestó el ciudadano francés, que eso estaba por ver; pero que hoy pasa lo siguiente: que si llega una compañía, que generalmente es un medio

[22] En la publicación se usa la abreviatura "p. e.".

[23] Se hace un reconocimiento a la entonces industria textil catalana, pues sabemos que la del algodón, principalmente, desde mediados del siglo XIX hizo de Cataluña la región industrial más próspera de España. Mano de obra inmigrante modificó el perfil social de las ciudades y el auge económico impulsó el desarrollo urbano y la construcción de edificios de alto valor artístico.

[24] Se aprecia la identificación de Dolkowsky con Rusia a pesar de su origen ucraniano, del que también estaba orgulloso. Ya bajo el zar Alejandro II (m. 1881), con quien se suprimió la servidumbre, arranca los orígenes de la industrialización, apareciendo el proletariado.

quebrada compañía italiana, que si da una función, no hay entonces bastantes espectadores y la consecuencia es que la compañía–incluso los tenores y barítonos, los bajos y las *prima donnas*- quiebra totalmente y que hay entonces que buscar dinero por medio de suscripciones, para poder, á precio reducido, embarcar al país natal todo aquella *macaronada.*

¡Triste y prosaico *finale*!

Yo puedo decir que eso, por de pronto, me ha parecido una exageración, porque cuando en un pueblo se sacrifica tanto dinero para elevar un templo a la diosa Thalía, es que sin duda la deidad tiene allí muchos admiradores.

Desgraciadamente no pude esta vez visitar el célebre Museo de aquella ciudad ni ver á su ilustrado fundador y director que estaba "remplissant son mandat de député provincial à Tériffe"[25].

Tomamos uno de los vehículos que hacen el viaje de la ciudad al Puerto, en cuyo trayecto noté a la derecha, casi a la orilla del mar, una casa de ladrillos rojos como de estilo moderno inglés y por lo tanto de pésimo gusto arquitectónico[26].

Del mismo defecto adolece el hotel Sta. Catalina, recién fabricado, en el cual se notan, por variar, ciertas pretensiones, pretensiones solamente, de estilo morisco. Me han dicho que por dentro está arreglado con todo el "confort moderno"[27].

---

[25] Se debe referir al Museo Canario, fundado en 1879 y por entonces ubicado en la primera planta del Ayuntamiento de la ciudad. Dolkowsky no le menciona por su nombre, pero debe aludir al médico e investigador Gregorio Chil y Naranjo (1831-1901), principal impulsor del museo.

[26] La primera edificación podría corresponder a alguno de los elementos arquitectónicos que configuraba la «Ciudad Jardín» (hotel, teatro, clubs de recreo social...), creada por los residentes británicos que pretendían dominar la vida económica de la ciudad y controlar el comercio portuario.

[27] Situado en la zona residencial de Ciudad Jardín, de este famoso hotel Dolkowsky conoció el primer inmueble, construido entre 1888 y 1890 con la promoción de capital británico. Fue concebido por el arquitecto escocés James M. MacLaren y se levantó en gran parte con madera importada de Inglaterra. Las referencias que el escritor hace al pseudo "estilo morisco" se debe al uso del arco de herradura y a las cúpulas bulbosas.

Ya cerca del Puerto fuimos a visitar la fábrica de hielo, artículo que hoy se emplea no solamente en usos domésticos sino también en aplicaciones terapéuticas y empieza afortunadamente a contarse también entre nosotros como artículo de primera necesidad[28].

Un médico se verá muchas veces en grandísimo apuro si no tiene a mano el hielo que es tan útil para la curación de la tifoidea, de las inflamaciones de los intestinos, del cerebro y para tantas otras enfermedades.

Gracias a Dios no tenemos aquí fiebres endémicas, perniciosas y malignas, a no ser la fiebre política que tantas víctimas hace y para la cual se me figura que el hielo debería ensayarse, aunque sobre este particular sería bueno oír a los médicos del país.

El dueño de la fábrica, joven y activo, de nacionalidad inglesa, me dio todas las explicaciones concernientes a su industria y nos ofreció un refresco de exquisita agua gaseosa, la que nos vino muy bien, pues el calor era bastante fuerte.

El camino entre Las Palmas y el Puerto de la Luz es árido y arenoso; están construyendo un tranvía de vapor que seguramente será de gran beneficio para el comercio, pero en cambio Las Palmas perderá mucho en estética.

Si se atiende a las condiciones en que esa vía se va a construir, son de temer desgracias futuras, pues no tiene la anchura necesaria.

---

[28] La apreciación del médico ruso del agua en estado sólido es uno de los aspectos interesantes de su libro *Hielo (Episodio de un viaje). Comentarios: ¿Dónde vamos a parar? Los judíos, el trabajo, la cuestión social. Toros* (Santa Cruz de Tenerife, Imprenta de Vicente Bonnet, 1893). Al hielo le concede un valor curativo, por ejemplo, depositándolo o haciéndolo pasar por determinadas zonas del cuerpo, "¡Cuántas veces, en ciertas enfermedades, la aplicación inmediata del hielo devuelve la salud y la vida al paciente, y cuántos enfermos han sucumbido por no poder conseguir ese precioso remedio en tiempo oportuno!". El hielo permitía refrescar las bebidas (entre ellas, la cerveza) y conservar los alimentos a través de una cámara frigorífica. En este sentido, elogia la industria del hielo implantada recientemente en Tenerife, cuyo producto considera de excelente calidad, comparable al mejor que se producía en Europa. Dolkowsky expresa con cierta frecuencia la oposición entre la medicina científica y la naturista, en realidad complementarias.

Los que deben alegrarse de ese adelanto, son las pobres, pobres bestias, que conducen carga y pasajeros, y son guiadas por inhumanos y crueles cocheros, como he visto pocos en mi vida, a no ser en Málaga, Granada y Valencia–¡triste privilegio![29]

---

[29] En cuanto a los animales, a los que denominaba, parafraseando a Friedrich von Schiller, nuestros hermanos menores, en *Hielo* (1893) deja constancia de la crueldad e indiferencia con que en Canarias se les trataba, a pesar del carácter de los isleños, «bondadoso en el fondo, como herencia de la noble raza guanche y el efecto de la benigna influencia del clima». Sobre el trato degradante hacia los perros que él observaba en su entorno vital de Tenerife es el comentario que hace en su libro *Males y remedios* (1891). Retomará este tema en sendos artículos redactados en el Puerto de la Cruz el 9 y el 14 de febrero de 1893 y publicados bajo el encabezamiento de "Remitido" en el *Diario de Tenerife* (Santa Cruz de Tenerife), los días 11 y 16 de dicho mes (pág. 3 en ambos casos), en realidad, bajo el formato de carta al director. En el primero cuestiona el edicto del alcalde de la capital tinerfeña relativo a la muerte, mediante veneno, de los perros callejeros que se encuentren en las vías entre las 11 de la noche y las 4 de la madrugada. Dolkowsky consideraba que la culpabilidad de esta situación estaba en los propios dueños, que los abandonaban en la calle y, hambrientos, vagan en la desesperación. Como solución apunta que se establezca un impuesto municipal sobre los perros, exceptuando los de guarda en las fincas rurales. Como autoridades en su amor hacia los animales, a los cuales hay que proteger, Dolkowsky menciona al poeta británico Lord Byron (n. 1788) y a Pierre Loti (n. 1850), escritor francés y oficial de la Marina Francesa, quien por 1893 había sido nombrado miembro de la Académie Française (1891). Con estas dos referencias, le es indiferente lo que digan los demás sobre sus opiniones acerca de los animales: "(...) nada me importa el juicio que el vulgo o cualquier medianía puede formar de mi humilde persona". En su disertación en la sede de la Real Sociedad Económica de Amigos del País de Tenerife en 1895 llama la atención sobre cuestiones que craquelan la dignidad del ser humano con respecto al trato hacia los animales: caballos de carruajes, perros callejeros, corridas de toros... El periódico *El Valle de Orotava*, donde Dolkowsky publica, se hace eco de estas preocupaciones en la defensa de los animales y bajo el titular "El maltrato a los animales" apoya las quejas del escritor ruso amparándose en las ordenanzas municipales vigentes: «Articulo 244. Se prohíbe castigar y maltratar con sevicia á los animales, así como todos los actos brutales y violentos que den por resultado ocasionarles sufrimientos crueles ó innecesarios».

El rechazo de Dolkowsky a las corridas de toros fue para él un tema crucial, defendiendo su abolición, máxime en Canarias, sin tradición taurina. La situación en el archipiélago la consideraba muy distante de la peninsular, pues aquí no solamente no se criaban toros, sino que tampoco había toreros, "porque con la dulzura de su clima pierden la fiereza hasta las alimañas". Las corridas de toros las considera "perjudiciales al país, bajo todos conceptos, desde el punto de vista económico hasta el de la moralidad pública". El médico ruso insiste en este espectáculo popular, que

Partí de Las Palmas por la noche y cuando salía la mañana siguiente a la cubierta del vapor, ya el cielo claro y alegre disipó algo las últimas melancólicas impresiones del día anterior.

Desde el estrecho de la Bocayna simultáneamente se percibían, gracias a la pureza de la atmósfera los contornos perfectamente destacados de las montañas de las vecinas islas hermanas.

Llegamos a Arrecife. No se la voy a describir; le diré tan solo, que no tendría inconveniente en permanecer allí algún tiempo y en vivir en una de sus blancas y limpias casitas, respirar aquel aire ya más seco y gozar de la vista de aquel cielo tan límpido, de aquel mar allí tan tranquilo, que me recordaba las lagunas de la misteriosa Venecia.

La vida a bordo la pasé agradablemente. El capitán Scheult, que ha hecho varios viajes a Rusia, que ha visto a mi cara ciudad natal, Odessa, me hablaba con mucho entusiasmo de nuestra tierra, rica y hospitalaria, y he tenido el gusto de oírselo decir todo en mi armonioso idioma materno.

Debido a los buenos oficios del respetable señor Don Juan Cumella, me dieron a bordo el mejor camarote, el único que hay sobre cubierta -espacioso, cómodo-; podía yo tener la puerta del camarote largamente abierta y desde mi litera admirar el grandioso espectáculo del mar y contemplar las maravillas del firmamento.

Soñando estaba yo con los amigos que dejaba en Tenerife cuando me despertó suavemente el mayordomo, que me traía una taza de buen té, pequeña atención que me dispensaba conociendo mi nacionalidad.

Me dijo con orgullo, que era suizo, de un cantón francés (Vaud), contándome que había conocido a nuestro temerario y simpático

---

considera bochornoso, en otros de sus textos, como *Males y remedios* y *Hielo (Un episodio de viaje)*, donde se expresa con palabras despreciativas para lo que se llama el mundo taurino (*Toros*, pp. 65-72): de circos trata a las plazas, donde el noble animal se siente acorralado, acostumbrado como está a la libertad en los campos, siendo tremendamente crítico con la imagen del torero, personaje frívolo de la sociedad, «inquisidor mayor, llamado espada».

Skobeleff [sic, Skobelev][30], al valiente y estratégico Gurko[31] y a otros célebres oficiales de la guerra ruso-turca, añadiéndome que se halló en la gran batalla de Plewna, en la cual pensó dejar el oficio a consecuencia del huracán de balas y metralla que allí se desarrolló. Yo admiraba el tradicional valor de estos hijos de Tell[32] que desafían la muerte cuando se trata de ganar dinero. El buen suizo era cantinero.

Por ahora me despido de V. hasta mi próxima carta que tratará ya de mis impresiones en Marruecos.

Su affmo. s. s. q. b. s. m.

*Eduardo Dolkowsky*

Puerto de Orotava, el 6 de agosto de 1890[33]

---

[30] Mijaíl Dmítrievich Skóbelev (San Petersburgo, 1843-Moscú, 1882) fue un afamado general ruso granjeada por su participación en la conquista rusa de Asia Central y su participación en la Guerra Ruso-Turca (1877-1878). Eterno defensor de lo eslavo en oposición a lo germano, a pesar de ser condecorado por los zares Alejandro II y Alejandro III, tuvo problemas con la política exterior de este último.

[31] El conde Iósif Vladímirovich Romeyko-Gurkó (Nóvgorod, 1828-cerca de Tver, 1901), de origen bielorruso fue un destacado mariscal de campo sobresaliendo en la Guerra ruso-turca (1877-1878), después de participar en la de Crimea. Llegó a ser miembro del Consejo de Estado del imperio ruso. Por la fecha que Dolkowsky redacta su texto, este vehemente militar era gobernador general de Polonia (reforzando su rusificación) (1883-1894), después de haberlo sido de San Petersburgo (1879-1880).

[32] Se refiere a Guillermo Tell, figura legendaria de la independencia suiza que se sitúa en el siglo XIV.

[33] En el manuscrito solamente "90".

## Impresiones de viaje
## II

Al otro día temprano después de nuestra salida de Lanzarote, con más divisamos la baja Costa de África, que parecía salir del seno de los mares para venir a encontrarnos. Navegamos a lo largo de ella por espacio de algunas horas, viendo siempre arenas y más arenas, interrumpidas de vez en cuando por pequeñas colinas, cubiertas apenas por una vegetación raquítica, muestra elocuente de la aridez y pobreza del suelo. A largos intervalos se percibía alguna miserable choza, o algún derruido santuario, únicos vestigios de la presencia del hombre en aquellos vastos desiertos, donde solo viven los chacales y otras fieras y por donde de vez en cuando pasa alguna caravana.

Por fin se nos presentó a la vista Mogador[34], llamada por los moros *Suirá*, que quiere decir cuadro o pintura, y un paisaje puramente oriental se nos ofreció a la vista de aquella ciudad indolentemente sentada en medio de un desierto de arena, con sus blancas casas de azoteas, sus minaretes cuadrados y rodeada de altos muros interrumpidos solamente por dentellados bastiones. Contemplaba con admiración y pena al mismo tiempo este cuadro espléndidamente iluminado por el sol del mediodía y recordaba aquellos poéticos tiempos en que todavía dominaba el valor personal y no los cañones y en que aquellos hijos de Califas eran dueños de gran parte de Asia, África y una parte de Europa, imponiendo su ciencia intelectual con sus sabias universidades y su poderío político con sus corvas cimitarras.

---

[34] Nombre de una ciudad portuaria, actualmente Esauira, situada en la costa atlántica del Marruecos, al norte del cabo Sim. Lleva el mismo nombre de la provincia a la que pertenece, en la región de Marrakech-Safí. Su medina, o centro histórico, con espectaculares fortificaciones levantadas en el siglo XVIII, le han hecho merecedora de formar parte de Patrimonio de la UNESCO. Cosmopolita debido a su arquitectura y trazado urbano, así como a su industria textil y maderera y a sus trabajos de artesanía, siempre ha tenido un aire de ambiente internacional debido a la presencia de extranjeros que desean disfrutar de sus encantos naturales y de su vida cotidiana. Atacada por los franceses poco antes de mediados del siglo XIX, desde 1912 a 1956 formará parte del Protectorado francés de Marruecos.

Pero ¡ay! los reyes se van y todo se gasta; es la ley del progreso relativo, y progreso efectivo algunas veces. ¿Qué queda hoy de tanto esplendor? Ciudades muy poéticas por sus prestigiosos recuerdos, un pueblo semi bárbaro que camina con pasos acelerados a la más completa abyección y unos sultanes que defienden sus dominios empleando la *evasiva* como principal arma en sus relaciones con la diplomacia europea, procedimiento que se va ya gastando rápidamente al choque de poderosas naciones que se llaman cristianas y que con impaciencia tratan de repartirse la herencia del Profeta, prescindiendo de sus legítimos herederos. ¡Pobre imperio de la media luna!

Por fin tomamos puerto entrando por medio de peligrosos arrecifes, operación llevada a efecto con mucho cuidado, por ser allí frecuentes los naufragios; pero hay que añadir la agitación perenne de aquellos mares. Como para corroborar estos temores se ve cerca de una pequeña isla (distante próximamente media milla de la playa) asomar fuera del agua la chimenea de un vapor alemán; hacia el fondo del puerto el casco de otro barco no sé de qué nación, y a la izquierda me indicaba el capitán el sitio donde hace algunos años se fue a pique el *Vérité*, vapor de la misma compañía Paquet. Yo dije para mí: mal presagio; aquí como en todas partes la Verdad naufraga, es un nombre fatal; si a aquel pobre barco lo hubieran bautizado con el nombre de la *Mentira*, seguramente todavía navegaría por esos mares de Dios, rompiendo las procelosas olas con su altiva proa.

Al soltar el ancla nos abordó una lancha tripulada por seis o siete moros con figuras demoniacas, algunos de tez bronceada, otros negros, medio desnudos, de formas atléticas; uno de ellos con una especie de turbante, los otros con la cabeza descubierta y mal rapada, todos chillando y gesticulando con infernal algarabía: parecía un cuadro dantesco.

Estas gentes traían a un viejo indio, vestido a la europea, alto, de pelo largo y barba blanca, el cual, después de cruzar algunas palabras con el segundo de abordo, regresó a tierra.

Con un poco de fantasía, cualquiera podría imaginarse que aquel indio hubiera cometido algún gran delito siendo condenado a viajar y cruzar eternamente el mar donde se hundió una vez para siempre la *Verdad.* Luego supe que aunque no era médico representaba la *Sanidad* de Magador.

Enseguida se nos acercó otro bote tripulado por gente más o menos parecida a la anterior, en el que me embarqué para bajar a tierra. Fui conducido a la aduana, donde un intérprete políglota, ayudado de un diccionario babilónico, me facilitó el despacho de mi equipaje sin la pérdida de tiempo y sin las vejaciones que en otros países, que se dicen civilizados, se acostumbra a hacer *ad mayorem civilisationis honorem.*

El intérprete me condujo a la casa de un fondista inglés, Mr. John Grace, hombre de pequeña estatura, ojos vivos y cara rubicunda, desfigurada por una reciente explosión de pólvora en una cacería. Este señor me instaló en la sala, donde me presentó a su hermana, persona de alguna edad, que hacía los honores de la casa, y creí un momento haber caído en plena Inglaterra, pues me encontré con una chimenea (afortunadamente apagada y que creo estaba allí por amor a la tradición y a las costumbres) y junto a ella, leía la Biblia la indicada señora vestida con su gorra dominical; era Domingo.

En un rincón percibí un piano que me inspiró desde luego serias inquietudes para la tranquilidad de mi espíritu, sabiendo por experiencia que ese instrumento bajo las manos inglesas suele convertirse más que frecuentemente en insoportable potro de tortura.

Así que descansé un rato, salí sin guía a dar un vistazo a la población.

Séase por la preocupación que me produjo el piano, o por lo laberíntico de las calles, al poco tiempo me perdí, decidiéndome entonces a caminar a la buena ventura. Seguí la primera calle que se me presentó y vine a parar a la plaza de la Aduana y a la puerta de la Marina, donde había desembarcado. A la sazón se paseaba en la playa que hay en aquel sitio la colonia europea, formando un abigarrado conjunto: solo recuerdo bien dos figuras que se destacaban vigorosas de aquel cuadro; uno era un inglés muy alto y muy tieso con un casco descomunal y el otro, de más baja estatura, me pareció andaluz y llevaba un sombrero a lo indiano.

Contrariado por este espectáculo antioriental, marché de allí para proseguir mi correría, y sin saber cómo me encontré en el Melaj o barrio judío[35], que estaba de fiesta por celebrar los hijos de Israel (según supe después) el aniversario de aquel solemne día en el que su legislador bajó del monte Sinaí con la Ley escrita en tablas de piedra[36].

La fiesta consistía más bien en una exhibición de trajes de lujo, que en bullicio y alegría. Paseaban por las estrechas calles en pequeños grupos hablando en voz baja y andando con paso majestuoso. Los hombres generalmente altos, bastante bien formados, de cara inteligente y con frecuencia agraciada, de tez pálido-morena algunos y otros rubios, llevando el pelo corto con unos mechoncitos delante de la oreja como como los llevan los judíos polacos.

El vestido de los ricos es muy estético, dándoles un aire grave de sacerdotes: caftanes de lana fina azul o castaño, chalecos (bedayas) del mismo género color blanco, todos bordados de seda y abrochados con botones (akag) al estilo húngaro, anchas fajas, unas de seda multicolor (krezia), otras bordadas con oro (hazam).

La cabeza se la cubren con un gorro negro parecido al de los persas; calzón ancho y corto, media fina y zapato europeo completan este traje, digno de un rey, comparándolo con el prosaico que usan los que se visten a la moda de Paris. Alternando con estos tipos clá-

---

[35] Mellah es el término que reciben los barrios judíos de Marruecos. A principios del siglo XIX, el sultán obligó a los judíos de las ciudades costeras agruparse en espacios específicos.

[36] En la Rusia bajo el zar Alejandro III, también rey de Polonia y Gran Duque de Finlandia (1881-1894), se implementó una drástica política de persecución de los judíos, con pogromos y prohibiciones que les privaban de libertades y derechos jurídicos. En *Hielo (Episodio de un viaje)*, publicado en 1893, Dolkowsky se queja del movimiento antisemítico que asola Europa, salvo, quizá, precisa, en Inglaterra. A pesar de todo, cierta inquina hacia el pueblo hebreo viene de otro de sus comentarios, cuando indica que en Rusia el negocio hotelero estaba dominado "por extranjeros y judíos que explotan el país, exportando generalmente los capitales que reúnen". Además, en el testamento de 1903, redactado en la isla del Hierro (Canarias) hace constar lo siguiente, demostrando así, su limpieza de sangre: "ningún miembro de sus familias ha ejercido cargo ninguno infamante, ni ha sido expósito ni hijo ilegítimo, ni se ha ligado en matrimonio con judíos, negros ó sirvientes, ni ha sido penado ó desterrado, ni ha abjurado la religión en que nació, y que todos han sido propietarios".

sicos encontré otros vestidos a la europea, y que son judíos que han viajado por Europa y están protegidos por algún cónsul. Sus abigarrados pantalones y levitas me producían el mismo efecto que una bella andaluza cuando sustituye la airosa mantilla española por los sombreros espantapájaros de gusto inglés o alemán.

Los pobres llevan trajes más modestos y las cabezas cubiertas con pañuelos color azul con manchas blancas, colocados al estilo de las campesinas de este país.

Las mujeres son blancas, robustas sin exageración hasta los 29 años, pero después de esa edad parecen esferoides con cabeza y andan despacio, arrullándose como patos.

Los ojos son grandes, pareciendo aún mayores por la costumbre que tienen de pintarse los párpados, ojos sin expresión que podrían llamarse de duelo y que no despiden esos refulgentes destellos que en las europeas revelan los misterios del alma. Sin embargo, hay muy buenas excepciones y vi algunos tipos que por sus esbeltez y atractivos Mahoma las hubiera escogido para su paraíso a pesar de ser judías, y otros, sin ser el profeta, las hubieran aceptado también.

Respecto al traje me declaro incompetente para describirlo, porque el poco tiempo de que disponía, no me permitió fijarme en esos detalles, pues otros más interesantes reclamaban mi atención: solamente puedo decir que el conjunto es muy rico, que llevan unos corpiños bordados con oro y descotados que le sientan admirablemente, usando profusión de ricas joyas en la garganta, las orejas y los brazos.

Entre los jóvenes se ven tipos muy buenos, pero a estos dejaré que los alaben sus madres y respectivas novias.

Ya que he nombrado las novias diré que entre los Hebreos gozan los candidatos al matrimonio de gran libertad, evitándose por ende luxaciones de cuello, constipados y otras penalidades mayores, muy frecuentes en la tierra donde se acostumbra *pelar la pava en la reja.* Los hebreos viejos y jóvenes usan mucha cortesía entre sí y con los extranjeros son más que afables. Nunca olvidaré la amabilidad del respetable anciano Sr. David Serusi, agente consular de Italia, que un día se molestó hasta acompañarme al Melaj para darme toda clase de explicaciones relativas a las costumbres de sus compatriotas. Gratos recuerdos conservaré del Sr. Ruben el Malej, vicecónsul de Austria, uno de los más influyentes entre los israelitas de Mogador, del Sr. Sahadia A. Cohen y su familia y particularmente del venerable patriarca ciego Isaac Haggai, de su señora, de su hijo David y de sus dos simpáticas hijas que tuvieron a bien iniciarme en todas las costumbres de la vida íntima doméstica de los Hebreos. Cito todos estos nombres para rendirles tributo de agradecimiento y para que alguien después de mí pueda también apelar a su buena voluntad. No puedo menos de citar aquí a mi valiente, enérgico e inteligente intérprete José Banon, que habla correctamente español y francés y bastante bien el inglés: es un joven bien conocido por los buenos servicios que prestó a la sociedad inglesa del Cabo Juby[37]. Es súbdito francés habiendo servido en la legión extranjera en Argelia; conoce algunos países de Europa y también las Canarias.

Al salir del Melaj atravesé el barrio de los Moros que también estaba de fiesta, no sé por qué causa, aunque creo sería en honor de Mahoma a quien no extraño reverencien, pues les ha dado el Corán, donde encuentran remedios para todas sus necesidades: legislación, preceptos higiénicos, medicina para el cuerpo y para el alma; el Corán en fin, que es un libro precioso, un compendio que les dispensa de gastar el dinero en una biblioteca, que en su imaginación meridional pudiera producir el mismo efecto que los libros de caballería en el *Ingenioso Hidalgo de la Mancha.*

¡Quién pudiera describir todos estos tipos, de tez bronceada unos, negros otros; a esos finos, amables y pacíficos burgueses, y a los inquietos y salvajes habitantes del Sus, por lo general taciturnos y llenos de dignidad que resalta aún más por su traje talar!

¡Qué variedad de formas, qué pliegues tan artísticos! ¡El jaique vaporoso que da mil vueltas caprichosas cubriendo la cabeza y el cuerpo y transformando al hombre en una visión poética! ¡La cimitarra al costado, la espingarda colgada en la bandolera y el yatagán al cinto!

---

[37] Cabo situado en Tarfaya, provincia del mismo nombre, en Marruecos. Se encuentra frente al archipiélago canario, por tanto, en el noroeste de la costa atlántico del continente africano.

¿Qué mujer que posea el sentimiento de lo bello puede ser insensiblemente a un tipo semejante?

¿Qué inglés con todo su dinero no sería pospuesto en el corazón de una mujer a uno de esos hijos del desierto?

Se cree uno en un gran monasterio al ver tanta gente encapuchada que más bien que caminar parece desfilar como fantasmas aéreos.

Los pobres van frecuentemente con la cabeza descubierta a pesar de las caricias de un sol africano.

Las mujeres pobres usan una especie de capa blanca de lana que les cubre completamente, dejando solo ver un ojo, que algunas veces, sin embargo, dice mucho. Todas se tiñen los pies y las manos y llevan babuchas amarillas.

Los niños con las cabezas rapadas, solo con una trencita pendiente en la región occipital o por detrás de la oreja, adminículo que les dejan sus padres para que Mahoma tenga por donde agarrarlos y llevarlos al paraíso. ¡Precaución feliz!

Nada de mendigos que importunen pidiendo *cuartitos*, salvo algún santón loco, algunas veces por conveniencia, que sentado en la calle, balanceándose continuamente y llamando por Allah, implora la caridad de los transeúntes.

Una de las cosas que me impresionaron más agradablemente fue ver que hasta los animales en aquel país gozaban en absoluto del reposo los días festivos: en algo han de aventajar los Islamistas a los Europeos.

Ya bastante avanzada la tarde y como empezaba la oscuridad, regresé a mi domicilio, pues sabía que se carece de alumbrado público.

Recogido en mi cuarto, no pude conciliar el sueño; las vivas emociones del día me tenían sobrexcitado, cogí un libro e interrumpió mi lectura el canto del *muden* que con su melancólica voz llamaba a los fieles muslimes a la plegaria; este canto que se repetía algunas veces durante la noche, me llenaba de tristeza, viniéndome a la mente que me hallaba solo y sin amigos en una tierra para mí completamente nueva, que pasaría mucho tiempo antes que adquirir amistades, a más de lo difícil que me sería aprender el idioma del país y hacer saber a aquella gente, que no había venido al África a explotarlos sino como turista y dispuesto a ayudarlos en cuanto estuviera a mi alcance.

El canto de un gallo madrugador me despertó a la vida real y de nuevo empecé a leer el libro que se había caído de mis manos. De este extracté los apuntes siguientes sobre aquella ciudad, los cuales serán sumamente concisos, pues siempre me han parecido muy pesadas las reseñas que no son originales. El autor dice que *Suirá* la bella, debe su reciente origen, pues data solo del año 1760, al astuto y sagaz emperador Mohamed-ben-Abdalah[38], que la hizo edificar bajo la dirección de un ingeniero francés -otros dicen genovés-, con objeto de que fuese el centro del comercio de todo el imperio y más aún para arruinar la ciudad de Agadir, que en el siglo pasado hacía gran comercio con Europa y con el interior de África: esta es la misma Agadir (por cierto de origen fenicio, véase el libro de Ferd. Hoefer)[39] donde algunos pretendían que se hallaba emplazada Sta. Cruz de Mar Pequeña, cuya situación fijó por fin el distinguido marino y geógrafo D. Cesáreo Fernández Duro[40] en el sitio donde hoy se halla Ifni. En el mismo punto la sitúa Justo Perthes, de Gotha[41], en su nuevo mapa de África, lo que significa que si no el gobierno alemán al menos los geógrafos de esta nación, reconocen la situación del

---

[38] *Sidi* Mohammed III ben Abdel-lah al-Jatib (h. 1710 – Rabat, 9 de abril de 1790), miembro de la dinastía alauí, entre 1757 y 1790 fue sultán de Marruecos. Es el fundador en 1765 de la ciudad de Esauira (antigua Mogador), convertida en una ciudad cosmopolita y económicamente próspera. En 1780 firmó con España el Tratado de Aranjuez.

[39] Ferdinand Hoefer, *Chaldée, Assyrie, Médie, Babylonie, Mésopotamie, Phénicie, Palmyrène*, 1852.

[40] Cesáreo Fernández Duro (Zamora, 25 de febrero de 1830-5 de junio de 1908) fue capitán de navío de la Armada Española, historiador y escritor. Realizó una fructífera carrera militar como marino participando en diversas expediciones, particularmente en la América hispana, pero también organizó la que tuvo por finalidad localizar la antigua posesión de Santa Cruz de la Mar Pequeña (Ifni). Su prestigio se prolongó al ámbito de la investigación de temas variados de corte académico.

[41] Johan Georg Justus Perthes (Rudolstadt, Turingia, 11 de septiembre de 1749– Gotha, Turingia, 2 de mayo de 1816) fue un editor alemán, con una empresa especializada en publicaciones genealógicas y geográficas.

puerto de Sta. Cruz de Mar Pequeña cedido a los españoles por S. M. Sherifiana en virtud del tratado de Wad-Ras.

Al día siguiente fui a entregar a sus respectivos dueños dos cartas de recomendación. Después de perder bastante tiempo en buscar el domicilio de los destinatarios y tener que valerme del intérprete, pues los Moros no acostumbran poner nombres a las calles ni numerar las casas, tuve la desgracia de no hallarlos, pues estaban los dos refugiados en sus respectivos templos (uno era Moro y el otro Judío) huyendo de sus feroces acreedores. Excelente y práctico refugio para burlar los usureros. No queda duda que aunque pocas, algunas ventajas se sacan de conservar las costumbres antiguas, pues desgraciadamente para muchos, en los países progresistas este oportuno refugio ha sido suprimido. El pobre deudor perseguido por sus acreedores cual un jabalí por una jauría de perros se ve en salvo así que pasa al umbral del templo sin que ni aun el emperador mismo pueda sacarlo de allí.

Pasé a ver el cónsul español, que lo es también de Rusia y de algunas Repúblicas Sud-americanas. Debo a este señor bastante atenciones -tiene una bonita colección de armas, la que me sería difícil describir porque no soy inteligente en la materia. En casa de este señor tuve el gran gusto de conocer al médico agregado al consulado, oriundo del Norte de España, modesto, sabio y amable, el cual me dispensó muchísimas y valiosas atenciones y cuyo trato cultivé el tiempo que permanecí en Mogador. Entre otras cosas, le soy deudor de unos apuntes climatológicos y patológicos sobre aquel país; acompañome además en varias excursiones y me puso en relación con su amigo el Sr. D. Francisco Raida. Este último intimó bastante conmigo y me sirvió de gran recurso su amistad, por tener conocimientos muy precisos de las costumbres y del idioma del país que quería estudiar; es Slavo [sic, eslavo], de origen Moravo y ejerce su arte de relojería con bastante habilidad; es buen orientalista, conociendo todos los países del Oriente, hombre de carácter recto, respetado y querido por los que allí le conocen, que son todos. En su casa, que me sirvió de domicilio la última semana que pasé en Mogador, hallé todos los cuidados inteligentes que prestan la buena voluntad y una educación esmerada; su señora, francesa, es una dama muy amable, buena y me apareció el ángel del hogar doméstico. Su casa está situada en el corazón del barrio árabe y así es que tuve la suerte, que tienen pocos cristianos, de poder vivir entre aquella gente.

Recomendado por mi buen amigo el capitán Kent, muy conocido en Tenerife, visité al vicecónsul inglés Mr. Johnson, el cual es un verdadero gentleman, amable, instruido, que habla diversos idiomas, como el árabe, por supuesto, perfectamente, según me han asegurado, además, el español, con bastante pureza, y como pocos ingleses lo hablan.

No podré olvidar los momentos tan agradables que pasé en su casa y la distinguida afabilidad de su señora. Conocí también al cónsul inglés y puedo asegurar en obsequio de la verdad que la Gran Bretaña está muy dignamente representada en Mogador.

Verdaderamente hay que decir que los ingleses saben hacer bien las cosas; su influencia en Mogador se ve por todas partes, los muchachos saludan al extranjero en inglés, hablando algunos este idioma con bastante perfección. En la escuela judía vi enseñar a las maestras y maestros en el idioma de Shakespeare.

Había más de cien niñas en el establecimiento modelo de la Sra. Cocrosh, la cual es no solamente una señora muy hermosa, sino también muy afable e instruida, como no lo es menos la simpática señorita maestra que le sirve de ayudante y que habla un alemán castizo. Las dos señoras son israelitas, educadas en la libre Inglaterra; su escuela está subvencionada según oí decir, por la poderosa *Alianza israelita*[42].

De la influencia de los alemanes en Marruecos hablaré más tarde, cuando publique los apuntes comerciales que me facilitó el amable Sr. D. J. L Ratto.

---

42 La Alianza Israelita Universal es una organización educativa establecida en Francia (*Alliance Israélite Universelle*) en 1860 con el propósito de brindar ayuda a los estudiantes judíos. Sus fundadores fueron un grupo de judíos franceses, quienes tenían los recursos para ayudar a aquellos que eran pobres, ofreciendo respaldo político, ayudando emigrar a otros y finalmente creando programas de educación judía en la Europa Oriental, Oriente Medio y el África del Norte. https://es.wikipedia.org/wiki/Alianza_Israelita_Universal

Es un hecho bien triste que la influencia española vaya desapareciendo en aquella población (y creo que en todo Marruecos) pues el rico y viril idioma de Cervantes hoy apenas se oye hablar, y los pocos que lo hablan lo destrozan. No sé qué causas habrán contribuido para que España haya perdido su preponderancia hasta en el idioma, cuando su historia, su vecindad y hasta parte de su sangre la llamaban al ser la dueña en aquellas regiones tan privilegiadas. El Gobierno español debe, en mi concepto, hacer hoy -sin perder tiempo- todo lo posible para aumentar la influencia en el imperio de los sharifes[43], no echando en olvido el testamento de Isabel la Católica. Indudablemente España tiene elementos muy valiosos en Marruecos para poder luchar ventajosamente con las otras naciones.

Los Padres Franciscanos y su sabio y virtuoso superior D. José Lerchundi (autor de una gramática del árabe vulgar que se habla en Marruecos), pudieran aún, auxiliados por el gobierno español, establecer escuelas y levantar muy alto el nombre de España.

Ya que he nombrado los Padres Franciscanos diré que tuve el gusto de conocer a estos modestos y virtuosos varones, al R. P. Superior D. Antonio Lestón (de Galicia), al sacerdote D. Fabián Castella (de Valencia) y al fraile D. Lino Dulanto (de Burgos), llamándome la atención el abandono y penuria en que viven, sin embargo de que soportan con verdadero celo evangélico su lamentable pobreza. Bueno sería que la Madre Patria se cuidara más de estos beneméritos y pacientes misioneros. Por los expresados Padres he sabido que el número de católicos existentes en la actualidad en Magador asciende a 95, distribuidos en la forma siguiente: Españoles 49, súbditos ingleses, Españoles de Gibraltar 15, Irlandeses 1, Franceses 18, Austriacos 4, Portugueses 5 e Italianos 3.

Tuve ocasión de conocer a dos misioneros protestantes ingleses (y hay otros más): usan traje moro, pero lo llevan con tan poca gracia, que causan lástima y excitan la hilaridad de los moros. Cualquiera que haya visto uno de estos hombres del Norte envuelto en una capa andaluza se puede hacer cargo de mi observación. Estas

[43] Descendientes de Mahoma.

misiones en Marruecos, a pesar de que tienen el apoyo del gobierno inglés y por tanto grandes recursos, no hacen prosélitos entre los moros. Las Biblias que reparten en gran profusión vienen a parar en tacos de espingarda.

Una cosa parecida pasa en mi país, pues nuestros campesinos, que no saben leer, fuman muchos cigarrillos y carecen de papel, acogen con mucho agradecimiento las Biblias. Sin embargo, un pastor protestante, hombre de buena fe, Mr. Lansdell[44], que hizo hace pocos años un viaje por Siberia y publicó un libro intitulado: *Through Siberia*, escribió que la gente siberiana recibía con mucho afán el Nuevo Testamento. ¡Qué decepción no tendría este buen señor si llegó a saber, por medio de los periódicos rusos y alemanes, que los numerosos ejemplares del Nuevo Testamento que repartió fueron... fumados!

Tratando de las biblias, haré constar que su introducción en Marruecos no está exenta del pago del 10% de derechos de Aduana; y como el introductor puede pagar en especie o en dinero, los misioneros han preferido el primer medio y se halla en aquellos establecimientos gran cantidad de estos libros. Entre los Judíos suelen hacer tal cual prosélito y eso entre las más desgraciados. Los moros y Judíos llaman a los misioneros protestantes *picoros*, palabra que según algunos trae su etimología de epicúreo. ¡Cosa curiosa!

Aunque tomé datos para describir las bodas de los Hebreos (he asistido a dos) y el bárbaro espectáculo que dan los *Esauiras* en sus procesiones públicas, no quiero cansar a sus lectores por no tener nada que añadir a las clásicas descripciones de Amicis[45]; diré solamente que estas procesiones por sí solas merecen un viaje a Mogador: ¡es un espectáculo que horroriza por su salvajismo!

---

[44] Alude a Henry Lansdell (1841-1919), misionero en Siberia y Asia central. Su libro *Through Siberia* se publicó en 1882, en dos volúmenes.

[45] Se refiere al italiano Edmundo de Amicis (Oneglia, 1846-Bordihera, 1908), autor de *Marruecos. Viaje al imperio de Muley Hassan*. Se trata de un periplo llevado a cabo por este escritor, desde Tánger a Fez, especializado en la literatura de viajes, integrado en el séquito del embajador Stefano Scovasso, quien en 1875 viajó a Marruecos a presentar sus credenciales tras la unificación del Estado italiano.

No hablaré tampoco de las tiendas moriscas ni de la corrida de caballos llamada *la fantasía*[46], ni de otras tantas y tantas cosas, porque plumas mejor cortadas que la mía las han descrito ya.

Saliendo de la ciudad por la puerta llamada Babsfá o del León[47], se toma el camino para ir al palacio del sultán, que está medio en ruinas.

Fuera de dicha puerta se encontrarán los dos cementerios árabes, el viejo a la izquierda y el nuevo a la derecha, un poco más lejos se hallan algunas huertas dedicadas a hortalizas, protegidas por los vallados (de paja y palos atravesados) contra la brisa y la invasión de arenas. Se ve el acueducto que trae el agua potable del río, que se filtra en las arenas por donde corre. A media hora de camino está el santuario de Sidi-Magdoul[48], santo que se disputan los Cristianos, Moros y Judíos. ¡Santo afortunado!

Los Cristianos tuvieron que ceder su derecho a la fuerza, los Judíos se contentaron con fabricar una casita en las inmediaciones para desde allí dedicar sus plegarias al Santo; solo los musulmanes tienen completa posesión del santuario que es muy visitado por hombres y aún más por las mujeres, las cuales van continuamente en peregrinación a dicho templo, quedándose frecuentemente allí por la noche las más fervorosas.

Según me enteré, la velada la dedican no solamente a dirigir sus plegarias al Santo, sino a otras muchas prácticas que me prueban que ese dichoso Santo no solamente es afortunado sino muy indulgente...

Creo oportuno decir que en todos los santuarios y mezquitas está absolutamente prohibida la entrada a los Cristianos y Judíos y es

---

[46] Expresión de la tradición ecuestre árabe, la *Fantasía* es propia de la zona del Magreb, allí denominada "juegos de pólvora" y "juegos de caballos", en el que los jinetes ponen en práctica simulacros de asaltos militares, con sus monturas engalanadas y sus rifles cargados de pólvora negra.

[47] Otra de las puertas de entrada al casco histórico o medina de Esauira es la puerta denominada Bab Sbâa, construida en el siglo XIX. Su entorno era un importante zoco que emergía permanentemente a propósito de las mercancías que traían las caravanas que procedían de Marrakech y Souss.

[48] Sidi Mogdoul, originario de la tribu bereber, fue un líder religioso marroquí del siglo XI, enterrado en Esauira.

peligroso infringir esta prohibición, tanto, que correría peligro de muerte el que tratara de eludir esta costumbre.

A media hora de camino del santuario, poco más o menos, se encuentra el río Uad-el-Ghored, con un lecho de arena movediza, que hace muy peligroso el vadeo; se han dado casos de hundirse hasta los camellos, por lo que es prudente seguir los pasos del guía. Inmediatamente después de este mal paso, a la orilla del mar, se encuentra el antiguo palacio del sultán, objetivo de esta excursión. Este edificio fue construido por mandato del mismo sultán, que edificó a Mogador; lo circunvalan altos muros teniendo en cada esquina una torre cuadrada dividida por dos pisos, torres destinadas, supongo, a las mujeres. En el centro está el edificio principal, donde se hallaban las habitaciones del Emperador.

El estilo general del edificio es arábico-español, aunque se ven algunas columnas corintias, que denotan que el dueño era ecléctico en todo.

Las arenas han invadido los altos muros, llegando hasta el segundo piso de las torres; tan así, que para entrar no se necesita pasar las puertas.

La impresión que causa la vista del edificio es poética y melancólica a la vez, pues al ver estas suntuosas estancias cubiertas de multicolores mosaicos; al leer sentencias del Corán, pintadas con letras blancas sobre fondo verde y con adornos de color encarnado; al contemplar aquellos balcones donde se sentaban las odaliscas, y cuando se piensa en los misterios que para siempre se sepultaron en esta ruina, un sentimiento de involuntaria tristeza se apodera del viajero.

Sentado en uno de aquellos balcones, contemplaba a *Suirá la Bella.* Era un magnífico paisaje: por un lado se veía el pueblecito de *Diabet* con su vetusta mezquita, más allá, a la derecha, el santuario de Sidi-Magdoul con sus misterios; más allá, aún a la derecha, los montes cubiertos de argán y los otros más lejanos de Marruecos[49]; a la izquierda el mar borrascoso y delante, en el fondo, la blanca

[49] Argán, o *Argania spinosa*, es una especie arbórea que crece en el territorio comprendido entre Tiznit y Esauira, endémica en los semi-desiertos del suroeste

Mogador, donde justamente entraba una larga caravana procedente del *Sus*, espectáculo que me transportaba a los tiempos bíblicos y me hacía recordar los impresiones de la infancia cuando me contaban las historias de los patriarcas.

Abandoné con sentimiento la imperial mansión y acompañado de mi nuevo amigo, D. Francisco Raida, me dirigí a los montes donde se da el árbol de *Argán*, peculiar a aquella región (daré en mis notas botánicas su descripción); de paso vi en el sitio llamado *Aljacín* (distante 3 horas de Mogador) una casa arruinada que perteneció a un gobernador, el cual, según cuentan, fue envenenado por un procedimiento muy expedito: invitado por el Sultán a tomar té, encontró en su bebida el pase para el paraíso de Mahoma, costumbre que tienen los Califas desde tiempo inmemoriales para quitar estorbos.

Volvimos de allí apresuradamente a la ciudad, pues el sol estaba cerca del ocaso y temíamos quedarnos por fuera, lo que no es ni agradable, ni seguro; pues las puertas exteriores de todas las ciudades en Marruecos se cierran invariablemente al oscurecer, abriéndose a la salida del sol.

En Mogador hay cinco puertas llamadas:

(1ª) de *Asfi*, que conduce a *Sáfi* y cerca de la cual están los cementerios cristianos (católico y protestante), el de los Hebreos, y los dos mataderos públicos.

(2ª) la del Estiércol, que mira a los arrecifes del N.O. y es poco frecuentada.

(3ª) la *Babsfá* o del León, llamada también de Marruecos, puerta que ya he descrito y que conduce a la ciudad de Marruecos[50].

(4ª) la puerta del *Sus*, a la salida de la cual está el mercado de pieles y aceite, sitio interesante por verificarse allí las transacciones

de Marruecos. Tiene pequeñas hojas y también lo son sus flores, y de su fruto con semillas se extrae un tipo de aceite.

[50] Otra de las puertas de entrada al casco histórico o medina de Esauira es la puerta denominada Bab Sbâa, construida en el siglo XIX. Su entorno era un importante zoco que emergía permanentemente a propósito de las mercancías que traían las caravanas que procedían de Marrakech y Sous.

comerciales entre los astutos hijos del Sus y los no menos sagaces hijos de Abraham, viéndose algunos cristianos que no les van en zaga: en fin, una buena escuela de diplomacia comercial al aire libre y al estilo antiguo.

(5ª) y última la puerta de la Marina, sitio favorito de la colonia europea[51].

Independientemente de estas puertas exteriores, existen en Mogador varias otras interiores, entre los tres barrios respectivos; I. Kasbah, o la ciudadela, donde viven el gobernador, los cónsules, la colonia cristiana, los más ricos de los Judíos y donde se hallan la iglesia católica, la capilla protestante, la gran mezquita[52], la aduana, la escuela de la *Alianza Israelita* y la casa donde se paga el diezmo (*asúr*) y el juzgado al aire libre, donde el juez (*kadi*) administra justicia gratis, a la vista del público, sin procuradores ni escribanos. II. Medina, o la ciudad donde tienen domicilio los bravos Moros y solamente tres Cristianos, entre ellos mi amigo el Sr. Raida. Aquí se hallan los diferentes mercados (Sokos), los *funduqs*[53], las carnicerías (árabes y judías), las tiendas de los que venden babuchas, las de los plateros, etc. y por fin III. *Melaj*, o el barrio de los Judíos más pobres, sin embargo que hay también ricos entre ellos, siendo muy difícil distinguir los unos de los otros por la necesidad en que se ven de ocultar su opulencia[54].

Este barrio a pesar de que deja muchísimo que desear en cuanto a limpieza o higiene, no está tan sucio como muchos lo pintan, cono-

---

[51] La Puerta del Puerto o de la Marina (Bab el Marsa), es un ejemplo significativo de la arquitectura defensiva de Marruecos, construida en época de sultán Sidi Mahammed Ben Abdallah (1754-1790). Da acceso a la marina desde la medina, muy frecuentada, como indica el escritor, no solamente por el nexo entre esos dos puntos sino por la posibilidad de contemplar las Islas Purpurinas.

[52] La mezquita al Atiq se sitúa en el centro de dicho conjunto arquitectónico-urbanístico, verdadero espacio de poder.

[53] Establecimiento público compuesto normalmente de posada, almacén y establo, apropiado para el hospedaje de comerciantes, tanto para su pernoctación como para establecer contactos comerciales.

[54] A fines del siglo XIX los judíos adinerados ya se estaban desplazando a otras zonas de la ciudad.

ciendo yo ciudades como p. e. Cette[55], en Francia y algunas en Italia, que en verdad son más sucias, pues en el *Melaj*, no se hace de las calles retretes públicos como sucede en algunos países civilizados.

Las basuras que en Mogador arrojan fuera de las casas, consisten en desperdicios de la cocina, gran recurso para los perros y gatos sin amo, al revés de lo que pasa frecuentemente en los países supra-mencionados que tiran a la calle lo que es inútil para los animales y perjudicial en alto grado a la salud del hombre.

De vez en cuando quitan la basura de las calles y hay gente pagada para eso por los que viven en el barrio. Las puertas interiores se cierran entre las 10 y 10:30, abriéndolas muy temprano; en estas no hay tanto rigor como en las exteriores, pudiéndolas franquear a cualquiera hora, siempre que se pida el permiso al centinela.

Mogador contando poco más de cien años de existencia no tiene nada de particular en sus edificios y por esta razón no cansaré a sus lectores con descripciones.

Lo que quieran tener más detalles que se procuren los libros siguientes: Cervera, *Geografía militar de Marruecos* 1884[56], Castellanos, *Descripción histórica de Marruecos* 1884[57], Calderón, *Manual de oficial en Marruecos* 1844[58].

Diré solamente que hay tres sinagogas, varias mezquitas, que allí se llaman *yamas* y tres refugios sagrados para Musulmanes nombrados *Zauías* que son el del *Nfára*, el del *Moulay Abdelkader* (Muley,

---

[55] Podría referirse a la población y comuna Cette-Eygun, situada en la región de Aquitania.

[56] Julio Cervera Baviera (1854-1927), *Geografía militar de Marruecos*, Barcelona, Administración de la Revista Científico-Militar, 1884. Producto de su viaje a Marruecos en 1877.

[57] Manuel P. Castellanos (1843-1911), *Descripción histórica de Marruecos y breve reseña de sus dinastías o Apuntes para servir a la historia del Magreb*, Orihuela, Imp. de Santa Ana, 1884. Se dio a conocer por primera vez en 1878.

[58] Serafín Estébanez Calderón (1799-1867), *Manual del oficial en Marruecos o cuadro geográfico, estadístico, histórico, político y militar de aquel imperio*, Madrid, Imp. de Ignacio Boix, 1844.

el esclavo del poderoso) y el de *Graga*. Este último pertenece a una confraternidad.

No he podido averiguar cuantos habitantes tiene Mogador, pero más o menos cuenta actualmente de 18 a 20.000, entre ellos 6.000 judíos y 200 Europeos. Esta ciudad está edificada sobre arrecifes que forman una península baja y descubierta por todos lados. La ciudad presenta al océano la parte N.O. y S.O. y al continente africano la del S.E., y contra los arrecifes del N.O. se estrellan las olas cuando sopla el viento del oeste[59].

[59] El autor firma en esta página 33 y escribe "Se continuará" y la fecha "20 de agosto 90".

## Impresiones de viaje
## III

Sr. D. Patricio Estébanez

Muy estimado señor y amigo:

Jamás me he visto en mayor compromiso que el contraído con V. al acceder a su propuesta de publicar mis *Impresiones de viaje*; pues los imperfectos rudimentos que poseo del bello y armonioso idioma castellano hacían esa tarea superior a mis fuerzas; mas el deseo de cumplir la palabra empeñada, correspondiendo a las bondades y amistad de V., me han hecho superar todos los obstáculos y allá va otra carta -en prosa prosaica, como decía en mi anterior- y con faltas y crímenes contra la gramática, que aunque obtengan la absolución de Vd., causarán, sin duda, indignación a los literatos y lástimas a los críticos.

Esta será, por ahora, mi última carta, pues ocupaciones diversas absorberán mi tiempo por algunas semanas, y como no se concibe ya ningún viaje sin resultados prácticos, me propongo para más adelante escribir algunas notas comerciales, botánicas, climatológicas y patológicas, es decir, algo utilizable conforme a las exigencias de la época.

También me propongo, si tengo tiempo para ello y eso más adelante, publicar el resultado de una entrevista que tuve con una autoridad marroquí y con un sabio rabino, personajes muy considerados y respetados entre los Mahometanos y los Judíos, quienes me hicieron observaciones tan importantes como curiosas sobre cuestiones de actualidad relacionadas con el porvenir del África. Mientras tanto envío a V. estos mal pergeñados renglones que contienen, no una ficción de pura fantasía, sino el relato exacto y fiel de lo que observé durante mi estancia en *Suirá la Bella*, debiendo advertir, de una vez para siempre, que poseyendo el defecto, o la virtud, de rendir en todas ocasiones culto a la verdad, no he podido prescindir de consignar textualmente las palabras que oí en mis entrevistas con los Mahometanos. Eso no quiere decir que me haga solidario de los juicios y apreciaciones, tal vez exageradas, de aquellos individuos con quienes una feliz casualidad me puso en relación. Hago el papel de fonógrafo y refiero sin mistificaciones lo que he visto y oído, sin que diga ni afirme nada por mi cuenta. Hecha esta salvedad prosigo mi relación de viaje.

ooo

Salí un día de paseo hacia la puerta del Safi, acompañado del Sr. Raida y de un joven español, turista de afición, simpático e inteligente, viajero intrépido que llegaba de Túnez, después de haber cruzado la vasta extensión de terreno que media entre la antigua Cartago y el imperio del Magreb, escoltado tan solo de un valiente y fiel doméstico, oriundo de las provincias vascas. Ese caballero, que lleva el nombre de D. Carlos Olavarrieta y Hurtado de Mendoza[60], parece haber hallado en Mogador otra Capua[61], pues los bellos ojos de una hija de Israel, le aprisionan momentáneamente en África, distrayéndole de los viajes que son su ocupación continua y en los cuales gasta sus pingües rentas.

Ya fuera de la puerta, nos dirigimos al cementerio de los Hebreos[62], sentándonos en la aislada tumba de un excomulgado, que también los hay entre los hijos de Abraham.

Protegidos de los ardientes rayos del sol, por una vetusta palmera, hablábamos de viajes y aventuras, sobre todo amorosas, que constituían el gran repertorio del compatriota de D. Juan, que se entusiasmaba a los recuerdos de las bellas hijas de Eva, desde las hermosas Circasianas hasta las Venus etiópicas, dándole materia para añadir un nuevo volumen a las *Mil y una noches.*

Embelesados estábamos con las graciosas anécdotas del español, cuando llegó hacia nosotros (la tumba se hallaba a la orilla del ca-

60 Hurtado de Mendoza es un apellido tradicionalmente vinculado a la nobleza castellana.

61 Ciudad italiana de la provincia de Caserta, a pocos kilómetros de Nápoles.

62 Para llegar al cementerio Judío se sale de la Medina a través de una de sus antiguas puertas, Bab Doukkala. Organizado en dos partes, una es más antigua, siendo la posterior una incorporación de 1874. Se trata de un monumento histórico-artístico, objeto de elogios por parte de escritores.

mino) un majestuoso personaje moro, acompañado de un sirviente: el Sr. Raida se apresuró a saludarle respetuosamente. Era un árabe de pura raza, de estatura elevada, con ojos grandes y rasgados, nariz aguileña y una barba negra, larga y sedosa, cuyo color de azabache resaltaba aún más al caer sobre el jaique, blanco y limpio como armiño: presentados que le fuimos por el Sr. Raida, nos invitó en correcto español para el día siguiente, dándonos las señas de su casa y excusándose por tener que marcharse al inmediato pueblecillo de Diabet.

Ese desconocido nos causó la impresión más favorable y cierto entusiasmo que aumentó con la relación que nos hizo el Sr. Raida, diciéndonos que aquel Árabe personificaba la ciencia en todos los ramos del saber humano; que había viajado y tenía muchas relaciones en los países civilizados; que era médico y que hablaba medianamente la mayor parte de los idiomas europeos, siendo un misterio su llegada a Mogador. Nos añadió que se susurraba ser deudo y gran amigo del actual Sultán, habiendo abandonado la corte de Marruecos por causas desconocidas.

Con estos antecedentes nos entraron deseos de visitarle aquel mismo día, decidiéndonos la lógica del hidalgo español que decía que para conocer bien la casa de un individuo, es lo mejor visitarlo inesperadamente.

Así pues, esperando que el *muden* llamara a la oración de la tarde[63], cuando calculamos que estaría de regreso, nos dirigimos a la casa del árabe, situada en el barrio de la *Medina.* Su aspecto exterior, como el de todas las casas moras en Mogadar, nada tenía de particular y tanto podía tomarse por una fortaleza como por una prisión: altos muros blanqueados, pequeños agujeros enrejados que hacen el oficio de ventanas, una estrecha puerta de entrada con un llamador de hierro y una mano negra pintada en la pared (precaución contra el maleficio, sin duda para rendir tributo a las costumbres del país) que era todo lo que presentaba a la vista aquel edificio.

[63] En la cultura del Islam, la convocatoria a la oración obligatoria (varias veces al día) la lleva a cabo el almuédano (almuecín o muecín) desde el minarete de la mezquita.

Llamamos y nos salió un criado, un negro del Sudán, con su túnica blanca y el yatagánal al cinto[64], quien, algo desconcertado por una visita tan inesperada, tardó algunos minutos en introducirnos, y marchando delante de nosotros nos hizo señas de que esperáramos. Partió presuroso a los pisos superiores y mientras aguardábamos, adelantamos algo en el vestíbulo cubierto de bonitos mosaicos, parecidos a los de la Alhambra y vimos un patio octógono con una fuente de mármol al medio, rodeada de artísticas macetas, cubiertas de alelíes y otras flores: en las esquinas brotaban magníficas matas de jazmines y heliotropos que embalsamaban el aire con sus gratísimos aromas. Discretas cortinas ocultaban los misterios de las habitaciones que rodeaban la galería de puro estilo árabe con afiligranados ajimeces. Una cortina medio levantada nos permitió echar una ojeada al cuarto del baño, pareciéndonos cubierto de riquísimos mosaicos hasta la mitad de la pared: observamos cuatro baños al nivel del suelo, construidos, al parecer, de ladrillos esmaltados de blanco con dibujos azules, y de aquella habitación salía un aire fresco, impregnado de suaves olores, entre los cuales sobresalía el de las rosas. En las esteras se notaban las huellas aún húmedas de diminutos pies y la flotante espuma que sobrenadaba en la superficie del agua nos hizo comprender que acababan de salir del líquido elemento las odaliscas que suponíamos morasen en aquella encantada mansión, donde no se oía otro ruido que los acordes armoniosos y algo lejanos de una guzla tocada con bastante maestría.

Al poco tiempo vimos bajar y dirigirse hacia nosotros con cierto aire de dignidad al dueño de aquellas maravillas, visibles unas y adivinadas otras. Después de saludarnos a la manera oriental nos condujo a la sala de recibo, situada en el piso bajo y nos disculpamos

[64] Arma blanca originaria de Asia, se trata de un cuchillo de hoja recurvada o de doble curva (una cóncava y otra convexa), lo que facilita su uso indistinto de corte o punta. De un filo y contrafilo corrido hacia el exterior. En la mayoría de los modelos, su empuñadura se caracteriza por tener dos protuberancias en el pomo denominadas «orejas» que sirven para que no se deslice la mano. Su empuñadura suele ser de marfil, maderas nobles y otros materiales «de lujo», como nácar o jade en sus versiones para desfiles militares o de la nobleza-aristocracia. https://es.wikipedia.org/wiki/Yatag%C3%A1n

como pudimos de haber adelantado nuestra visita; disculpas que admitió con la amabilidad y cortesía de un hombre de gran mundo.

Llámonos desde luego la atención la sencillez y el buen gusto con que el salón estaba adornado, y así que nos sentamos nos rogó el dueño le esperásemos un momento, pues tenía que dar algunas órdenes.

Mientras regresó pudimos hacer el análisis de todo lo que nos rodeaba: magníficos tapices de Rabat cubrían el suelo, telas de seda multicolor pendían de las paredes, uniéndolas con el techo esculpido y pintado, una cornisa con primorosos calados, todo lo que formaba la más feliz armonía con los cómodos divanes y variada tapicería. En un rincón vimos una preciosa mesita llena de arabescos sobre la que descansaba un artístico pebetero de oro y en otra mesita de diferente estilo observamos un rico servicio de té, porcelana antigua de Sèvres. Sobre otro mueble tan bonito como raro, y que no sé qué nombre darle, descansaba una magnífica colección de pipas, espuma de mar, emboquilladas en ámbar, distinguiéndose especialmente una adornada de diamantes y rubíes, regalo de Muley Hasan, según después supe[65]. Del techo colgaba una lámpara morisca de plata con vidrios de colores y en el suelo, cerca de la mesa, que sostenía el pebetero, se hallaba un magnífico candelabro de plata maciza con siete brazos que soportaban velas de diferentes colores.

De la pared colgaban preciosas armas: espingardas, yataganes, cimitarras, pistolas y puñales con incrustaciones de oro y de marfil.

El gusto, la sencillez y la armonía con que aquella habitación estaba adornada, me confirmó, que su dueño, lejos de ser un hombre vulgar, era un verdadero artista que de poco sabía hacer mucho.

Involuntariamente me vino a la imaginación al recuerdo de nuestros *parvenus*[66] del antiguo y nuevo mundo que de mucho no saben hacer nada, comprando mobiliario de gran lujo y poco mérito artístico, adquiriendo a peso de oro cerámica diversa y cuadros *de grandes*

[65] Muley se traduciría por "Mi señor", mientras que Hasan se refiere al sultán de Mogador, al-Hasan, quien lo fue entre 1873 y 1889.

[66] Palabra francesa equivalente a nuevo rico o trepador social, con recursos económicos pero sin dignidad en sus modales ni preparación cultural.

*maestros* que sin embargo han sido fabricados en París, Nápoles o Florencia (donde se imita y falsifica todo), sin que el conjunto de esas pretendidas preciosidades venga a probar otra cosa, sino que sus dueños nacieron y morirán burgueses.

Yo me perdía en estas y otras reflexiones, cuando entró el doctor invitándonos a pasar al comedor[67].

Precedidos de Sidi Mahomet, que este es su nombre, entramos en aquella pieza de purísimo estilo morisco; la mesa estaba puesta y se hallaba rodeaba de divanes parecidos al *triclinium* de los antiguos Romanos.

La comida de una sencillez patriarcal, consistía en alcuzcuz por cierto muy bien preparado[68], diferentes dulces[69], exquisitos dátiles de Tafilálet[70], miel del país y añejo vino de Chipre: este líquido nos llamó vivamente la atención en la mesa de un mahometano e interrogado el anfitrión por D. Carlos sobre esa novedad le contestó que aunque el Corán prohibía el vino, esa prohibición no se extendía sino a los individuos capaces de abusar de tan noble producto de la naturaleza, añadiendo que nada debe tomarse en sentido exotérico y que en el Corán, como en cualquier otro código, las personas instruidas tienen que atender más al espíritu que a la letra, citándonos oportunamente a San Pablo; y por fin nos manifestó que los códigos en general están escritos para la gente que no sabe o no puede dominar sus brutales distintos. Yo, dijo, jamás hago uso del vino, a menos de estar enfermo, o para obsequiar a mis huéspedes cristianos.

---

67 Al final de esta parte del texto aparece la firma de Eduardo Dolkowsky y, entre paréntesis, la palabra Continuará.

68 Sinónimo de cuscús, plato tradicional con el ingrediente básico de la sémola de trigo cocinada, a la que se le puede incorporar distintos ingredientes que aportan sabores y colores al plato.

69 Son extraordinariamente deliciosos y nutritivos los dulces típicos de Marruecos: chebakia, briwat, cuernos de gacela..., elaborados con ingredientes como almendra molida, cacahuetes tostados, harina, yema de huevo, miel, etc., añadiéndoles agua de azahar, azafrán, sésamo, canela, anís...

70 Oasis situado en el sureste de Marruecos, dinamizado por el río Ziz.

Mi compañero el español, en quien el Chipre se había hecho sentir, abrumaba al doctor con mil preguntas sobre religión y política; pero aquel eludía contestar toda opinión decisiva, dándonos a entender con mucha finura que no aceptaba la costumbre tan generalizada entre los políticos europeos de tratar las más graves cuestiones entre los vapores del *champagne*. Concluida la comida o mejor dicho cena, pasamos al salón donde el mismo negro que nos había abierto la puerta, sirvió el café, que nos pareció excelente y con un perfume y un gusto tan agradable como extraño. Preguntéle donde se recolectaba aquel néctar y me contestó que era café ordinario y que solo tenía de notable la preparación hecha en su casa por un método por él mismo descubierto y que hacía resaltar el gusto de la cafeína; y como le rogase me diese a conocer ese método, me invitó a pasar a su laboratorio para enseñarme el aparato de que se valía para tan exquisita preparación. Previa la venia del Señor Raida y de D. Carlos, que estaban muellemente reclinados sobre los divanes rodeados de una aromática nube de tabaco de Genidze[71], el doctor me condujo al laboratorio. Esta pieza me impresionó vivamente; mi huésped tocó un botón e instantáneamente los destellos de luz eléctrica inundaron aquel departamento, pero era una luz clara, de perfecta estabilidad, ligeramente dorada y parecida a la luz del astro del día: era una lámpara llamada Sol, de Leroux, modificada por Clerc. Lo primero que me llamó la atención fue un poderoso microscopio de Hartnack[72], una silla común y una mesa muy grande que contenía una infinidad de redomas con diferentes cultivos de microorganismos, algunos -muy pocos- instrumentos quirúrgicos, el pan electroscopio de Leiter, un esfigmógrafo de su propia invención y aparatos químicos. Me sorprendió encontrar todos sus libros en el suelo, pues no había armario ninguno: vi muchas obras de diversas naciones, de historia natural y de medicina; obras teológicas

[71] Yenidze o Yenidje es una ciudad turca donde se producía un tipo de tabaco Xanti, conocido precisamente con el nombre de dicha ciudad, uno de los tabacos orientales de mayor calidad.

[72] Edmund Hartnack (1826-1891) trabajó con su tío George Oberhaeuser desde 1857, heredando su empresa desde 1869, en la que introdujo innovaciones sin variar los esquemas de sus modelos. Se trasladaría a Postdam, coincidiendo con la Guerra Franco-Prusiana de 1870, si bien no cerró su empresa de París.

y filosóficas y entre una multitud de manuscritos árabes y hebreos encontré, en amable consorcio, la Biblia (en cuatro ediciones diferentes), el Talmud, el Corán y las tres Pitakas[73].

Las drogas no eran numerosas: ruibarbo, jalapa, magnesia, permanganato de potasio, yodo, diferentes sales y algunos extractos vegetales para mí desconocidos; no viendo ningún alcaloide le llamé la atención sobre lo exiguo de su farmacia y sonriéndome contestó con el proverbio inglés: "Grasp all, lose all"[74].

Viendo a mi colega en tan buen terreno, le pregunté qué escuela creía él formaba los mejores médicos a lo que me respondió: "Yo creo, que según se nace poeta, se nace médico y que la medicina no se aprende como no se aprende tampoco la poesía y por consiguiente el mejor médico no es el que más ha estudiado, sino el que cura más enfermos". A esta contestación nada tuve que replicar, A todo esto, como no había olvidado el objetivo primordial de mi visita al laboratorio, me enseñó el aparato de su invención, sencillísimo como todo lo práctico, que le servía para desarrollar el fino aroma del café, con el auxilio de una yerba cuyo nombre no me autorizó para publicar.

Volvimos a la sala; se nos presentó un magnífico golpe de vista con la luz de la lámpara que reflejaba en sus vidrios la variedad de colores del arcoíris, uniendo su mágica luz a la claridad esplendente de las siete velas del candelabro, que perfumaban la habitación.

Sentados todos ya en los cómodos divanes, D. Carlos tomó la palabra y dirigiéndose al doctor le dio las gracias por su hospitalidad y por la *soirée* que se nos presentaba. -¡Ah! contestó Sidi Mahomet, no tienes nada que agradecerme, todo eso me lo devolverás algún día, y cuando menos lo esperes te proporcionaré una sorpresa: quizás me veas en España y no me conozcas, porque llevaré sombrero de copa y levita y me afeitaré la barba. No es la primera vez que, vestido a la europea, he recorrido las provincias andaluzas y las Islas Canarias sin que nadie sospechara mi nacionalidad. -Me proporcionarás un

[73] Tres colecciones de textos vinculados al budismo.

[74] Quien mucho abarca, poco aprieta.

placer inexplicable, pudiendo devolverte tanta hospitalidad, contestó el hidalgo español, y solo deseo que sea pronto.

Animado D. Carlos con la espontaneidad de su huésped, volvió de nuevo a la carga con una infinidad de preguntas relativas a la sociedad musulmana y a las cuestiones que en la actualidad agitan el mundo, y el anfitrión, que hasta entonces había estado reservado, le dijo:

-Fumemos otra vez y luego hablaremos de cuanto quieras. En efecto, de nuevo encendimos nuestras pipas y saboreamos el perfumado Genidze. D. Carlos recobró la palabra y dijo a su huésped:

-Asombro me causa, que conociendo la civilización europea y las ventajas que proporciona la vida en metrópolis cultas te avengas a vegetar en las ciudades marroquíes, faltas de cultura, de comodidad, de higiene y de todo cuanto habrás admirado en Francia y España.

-Es que nada he admirado, contestó el árabe, sonriendo ligeramente y dejando entrever sus dientes blancos como marfil. Profeso la máxima de *Nihil admirari*[75].

-Entonces nada habrás visto con atención y tus viajes serían muy rápidos.

-Al contrario, lo he examinado todo atentamente y durante largo tiempo. Ni vuestra civilización, ni vuestros monumentos, ni vuestra literatura me han causado la más leve sorpresa. He subido a la cúpula de San Pedro y a la Torre Eiffel y me he dicho: el Atlas es más alto; he leído vuestras obras literarias que tanto os entusiasman, y he visto que el Corán es más sabio; y he apreciado el conjunto de vuestros adelantos científicos en todos los ramos del saber humano y he exclamado: Dios es más grande. Nada os admiro, ni nada os envidio, asegurandóos que no sois mejores ni más felices que nosotros.

Estupefacto el español contestó:

-Pero no podéis menos de confesar que la forma de gobierno de los estados europeos, con sus constituciones que garantiza la libertad individual, la inviolabilidad del domicilio y la tolerancia religiosa, forman contraste con el despotismo brutal de los países

[75] Frase latina equivalente a "No sorprenderse de nada".

musulmanes y que hay notable diferencia entre un pueblo viril y libre y un pueblo esclavo.

-Pues no veo otra diferencia entre España y Marruecos que los procedimientos de los poderes públicos: aquí el despotismo es franco y allá es hipócrita. Las libertades de Francia y España no existen más que en el papel de vuestras tan decantadas como variables constituciones. En efecto, la Constitución garantiza la libertad de la provincia y del municipio, la libertad de conciencia, la libertad de asociación, la libertad de imprenta y no sé cuántas libertades más; pero luego vienen los reglamentos y leyes orgánicas, la ley provincial y municipal, la ley de imprenta y la ley de orden público con sus mil trabas, sutilezas e inconvenientes que burlan por completo el código fundamental. Y tú sabes que los prefectos y gobernadores, tanto en Francia como en España, monárquicos y republicanos, interpretan aquellas leyes y reglamentos en el sentido más restrictivo, cumpliendo las órdenes, públicas o secretas, del gobierno central, que vienen a hacer ineficaz la libertad consignada en la constitución y a paralizar toda iniciativa; de forma, te lo repito, aunque te parezca una paradoja: los gobiernos de España y Francia son representativos, aparentemente, pero en el fondo no son otra cosa que una oligarquía más insoportable que el despotismo oriental, por lo mismo que es más solapado e hipócrita y pesa sobre naciones más adelantadas. He seguido la marcha política de tu país durante los últimos veinte años y he observado que el pueblo español no solo no es libre en la verdadera acepción de esta palabra, tal como se entiende en Inglaterra y en los Estados Unidos, sino que es aún un pueblo incapaz de ser libre. Le sucede lo que a los libertos y a los menores de edad, recién emancipados. Desde el infausto día de Villalar[76] ese pueblo fue esclavo de la teocracia y del poder real y tres siglos de servidumbre lo han embrutecido hasta el punto de no saber hacer uso de la libertad que por momentos ha conquistado. A partir de 1812 viene ensayando

[76] Se debe referir a Villalar de los Comuneros, municipio de la provincia de Valladolid, conocido por la derrota de los Comuneros de Castilla, batalla que tuvo lugar en sus alrededores el 23 de abril de 1521, cuando comuneros, campesinos, nobles, eclesiásticos, se enfrentaron a la política del joven rey Carlos I.

constituciones cortadas de patrones franceses e ingleses, que no han producido otra cosa que la corrupción y la inmoralidad, así en el orden administrativo como en el judicial; inmoralidad que aumenta en la proporción que sube la oleada democrática, porque, desengañaos, cuantos más pobres sean las manos en que esté depositado el poder, serán siempre manos infieles. Y lo que digo del pueblo español, es aplicable en su mayor parte a la nación francesa. Lo que Montesquieu escribió hace un siglo en sus compatriotas puede repetirse hoy: "El pueblo francés se ha levantado muchas veces contra los tiranos, jamás contra la tiranía"[77].

D. Carlos perdía la paciencia con un discurso que no esperaba e interrumpió al Moro diciéndole:

-Esas son afirmaciones sin pruebas, que nunca desmentirán mi argumento fundamental de las ventajas de la civilización europea sobre las leyes de un imperio bárbaro y despótico, y sobre las costumbres de una raza degenerada y sierva, refractaria a todo adelanto e incapaz de ningún progreso.

Los ojos del hijo del desierto brillaron un momento como relámpagos. Sin embargo, su voz no se alteró en lo más mínimo y con una graciosa sonrisa y con el mismo tono bondadoso y tranquilo que anteriormente, contestó:

-Te equivocas Nazareno. La raza que llamas degenerada y sierva, quizás sea más viril y posea mayores virtudes que las que encierran vuestras populosas ciudades, corrompidas por esa civilización que tanto os envanece. Esa raza que desdeñas es la misma que poseyó tu país durante siete siglos; la que conservó, traduciendo de sus originales, las obras clásicas de la Antigüedad, que sin los árabes se hubieran perdido; esa raza es la que en sus escuelas de Bagdad, de Córdoba y Sevilla civilizaba a los bárbaros en Europa. Le debéis el descubrimiento del apogeo del sol, la reducción de las tablas náuticas y astronómicas que sirvieron para sus viajes a vuestros más ilustres navegantes; la aplicación del álgebra a la geometría, el ácido nítrico, dos mil plantas

[77] Al final de este texto aparece la firma de Eduardo Dolkowsky y, entre paréntesis, Continuará.

añadidas al herbario del Dióscórides[78], los caracteres de la numeración actual, que tanto simplifican las operaciones aritméticas, los mayores adelantos de la medicina y el establecimiento de la farmacia.

Esa raza, por sus virtudes, es aún capaz de actos de heroísmo y sería un factor importantísimo en la civilización de África, si un brazo poderoso y una inteligencia superior pudieran dirigirla. Si mañana un hombre extraordinario, legislador y guerrero, saliera de los oasis del Sáhara o de los desiertos del Yemen y ese hombre, que nace cada mil años y lleva en su frente el genio de la guerra, llamara en su auxilio las tribus nómadas y sedentarias de Asia y África, quizás el siglo XX vería repetir los milagros que Tarik[79] y Omar realizaron en las edades pasadas, prodigios de que creo incapaces a los pueblos de Europa, gastados, corrompidos y sin ideal. ¡Pero Dios es grande y solo su grandeza alcanza a leer el porvenir!

El árabe calló y cogiendo las manos de su interlocutor, las llevó a su corazón y con una dulce sonrisa y tono bondadoso continuó:

-Y tú, español, menos que nadie debes flagelar a los hijos del profeta, porque son tus parientes más próximos y más parecidos, poseyendo todos sus defectos y conservando parte de sus virtudes. Riome, cuando leo vuestras investigaciones etnográficas e históricas que os enlazan a un origen celta-romano-gótico, cuando si bien se os estudia, moral y fisiológicamente, sois verdaderos hijos de Agar[80], semitas[81] con cierto barniz, y nada más que cierto barniz, europeo. La mitad de vuestra sangre es árabe, beduina, bereber; que no en balde

---

[78] Pedanio (o Pedacio) Dioscórides Anazarbeo (Anazarba, Cilicia, Asia Menor, h. 40–h. 90) fue médico, botánico y farmacólogo que practicó la medicina en Roma. *De Materia Medica* viene a ser el principal manual de farmacopea que se manejaba tanto en la Edad Media como durante el Renacimiento.

[79] Ṭāriq ibn Ziyād al-Layti o Táriq ibn Ziyad fue un general que intervino en la conquista musulmana de la península ibérica en la época visigoda.

[80] Se trata, a partir de la Biblia, de una concubina egipcia de Abraham, madre de Ismael, de quien descienden los ismaelitas. Los árabes la consideran legítima mujer de Abraham y se creen descendientes de este a través de Ismael.

[81] Pueblos descendientes de Sem, uno de los hijos de Noé, citados en la Biblia. Este término se aplica en el ámbito lingüístico para aludir a una familia de lenguas originarias de Próximo Oriente.

dominamos en tu país durante setecientos años y vivieron juntas la mezquita, la iglesia y la sinagoga realizando uniones y creando vínculos que es imposible negar. Vuestro carácter, vuestra fisonomía, vuestra indolencia y vuestras costumbres, os delatan muy a pesar vuestro: más de mil seiscientos palabras de vuestro idioma son tomadas al árabe, y vuestro orgullo, vuestro fanatismo y hasta vuestra gravedad son los rasgos característicos de la raza árabe.

Excepto los vascos, cuyo origen se pierde en las nieblas de la historia, quitad a los demás españoles el sombrero de copa y la levita, ponedles un turbante y un jaique y tendréis verdaderos árabes y bereberes. En las provincias andaluzas y en la isla de Gran Canaria particularmente, la semejanza es completa: he podido juzgar con mis propios ojos. Decís que somos tan indolentes como refractarios a la civilización europea y eso mismo os echan en cara los ingleses y los alemanes que dicen, que no es el Estrecho de Gibraltar, sino la muralla de los Pirineos, el límite de Europa y África y se asombran al ver inculto un suelo como el de la Península, cruzado de ríos caudalosos y que sin embargo carece de canales de riego que podrían transformar en terrenos cultivables y jardines de Armida[82] regiones como las llanuras de Castilla y de la Mancha, donde no crece un árbol ni existe una casa que ofrezca descanso al viajero.

Para vosotros lo mejor, lo más selecto, es siempre lo español, y un mendigo que en tierra de Castilla pide limosna, examinadlo bien, lo hace con cierta altivez y soberbia que no observaréis en ninguna otra nación. Es cierto que no recorréis el mundo como los franceses, ni como los italianos exhibiéndoos para la mendicidad artística, que repugna a vuestro carácter, como repugna también a los árabes; pero en cambio lo mismo que éste asalta una caravana, vuestros soldados asaltan a los pueblos, violan la disciplina y se sublevan en los cuarteles para obtener ascensos y condecoraciones *en nombre de la Libertad.*

[82] Armida es un personaje que aparece en Jerusalén liberada, de Torquato Tasso (Sorrento, cerca de Nápoles, 1544-Roma, 1595). Hechicera sarracena, es enviada a detener a los cruzados cristianos. Dispuesta a asesinar a Ronaldo, guerrero valiente y atractivo, se enamora de él y le retiene en un jardín encantado. Al final de este poema épico, él convence a Armida a convertirse al cristianismo.

El contrabando y el bandolerismo inextinguibles en vuestras provincias meridionales, no son más que la mendicidad guerrera de los beduinos. Vuestro ejército me recuerda los Genízaros de Turquía[83] y los Mamelucos de Egipto[84]: dispone de los destinos de la nación y tan pronto derriba y levanta tronos como destruye instituciones que llamáis democráticas. Os hace falta un Mehemet-Alí[85], no para destruir el ejército, sino para purificarlo y moralizarlo, concluyendo con esos motines y revoluciones intermitentes que agotan las fuerzas y recursos de la nación. Os lo digo, como lo siento, no necesitáis reformar vuestra constitución ni vuestras leyes; nada ganaréis con la universalización del sufragio ni con el Jurado; lo que os salvará es un hombre extraordinario, patriota verdadero, un dictador ilustrado, que purifique la administración y la magistratura y castigue las inmoralidades de los empleados de las colonias a fin de que podáis obtener el respeto de vuestros súbditos americanos y asiáticos, estrechando los lazos que deben unirlos a la madre patria.

Después de veinte años de dictadura podrá venir la libertad, educando antes otra generación en mejores ejemplos de moralidad respecto a los servicios públicos. Creeréis que cuanto he dicho son exageraciones y que el remedio que propongo es utópico; pero os lo confieso sin odio y sin pasión, para mí son verdades axiomáticas.

El nivel político del pueblo español se puede medir por el resultado de las elecciones. Las que hizo el mariscal Prim, después de la Revolución de 1868, enviaron al Congreso de Madrid, una inmensa

---

83 Los jenízaros eran soldados de infantería del Imperio otomano, provistos de un alto índice de disciplina y formación.

84 Los mamelucos eran esclavos-soldados que llegaron a gobernar en Egipto y Siria entre 1250 y 1517, inspiración para la civilización árabe musulmana.

85 Mehemet Alí o Mehmet Alí fue gobernador de Egipto entre 1805 y 1848, un año antes de su fallecimiento. Las reformas que acometió posibilitaron una considerable autonomía frente al Imperio otomano, moviéndose con decisión y sagacidad a fin de controlar el país y mejorar sus condiciones económicas, tanto en la agricultura como en la incipiente industrialización. En su política de interesada afabilidad con las potencias europeas se enmarca la donación a Francia de dos obeliscos que estaban situados a la entrada del templo de Luxor, uno de ellos colocado en 1836 en el centro de la plaza de la Concorde, junto a los jardines de las Tullerías.

mayoría, afecta a aquel *condottiere*[86]; cuando reinaba D. Amadeo de Saboya, tenía también la mayoría en el Parlamento; la tuvo luego la República y después la han tenido todos los ministerios de la Restauración, sin que jamás el Gobierno haya sufrido una derrota electoral.

Yo me encontraba en París, cuando el voto popular arrojó de la presidencia de la República al Mariscal Mac Mahon[87] y le dije a un personaje francés, muy amigo mío, a quien había conocido en Argelia:

-Si el mariscal se aconseja con Sagasta[88], con Romero Robledo[89] o con cualquiera cacique de mayor o menor cuantía, de esos que en España llaman *muñidores electorales*, de seguro que se eterniza en el poder; pero aquel amigo, que era muy franco y muy cosmopolita me contestó que sus compatriotas, aunque más corrompidos en otras cosas que los españoles, en cuanto al falseamiento electoral, eran muy inferiores, pues estos pueden servir de maestros a los hombres de estado de todas las naciones. De ahí que en tu país ningún ministerio puede caer constitucionalmente y que si el rey no interviene, jamás los partidos políticos podrían turnar en la gobernación del Estado, de lo que deduzco que el día que os falte el poder moderador, caeréis sin remedio, en la más espantosa anarquía[90].

---

[86] Hombre a sueldo del gobierno de una ciudad-estado italiana durante finales de la Edad Media y mediados del Renacimiento, para dirigir un cuerpo de soldados mercenarios.

[87] Se refiere a la caída de Patrice de Mac-Mahon, duque de Magenta, mariscal de Francia y presidente de la Tercera República Francesa (24 de mayo de 1873-30 de enero de 1879).

[88] Práxedes Mariano Mateo-Sagasta y Escolar (Torrecilla en Cameros, 1825-Madrid, 1903) fue un político afamado, además de ingeniero de Caminos, Canales y Puertos, clave en la vida política española de la segunda mitad del siglo XIX durante el Sexenio Democrático y la Restauración borbónica y, junto con Antonio Cánovas del Castillo, protagonista del sistema político del "turno pacífico".

[89] Francisco Romero Robledo (Antequera, 1838-Madrid,1906) era ministro de Gobernación del reinado de Alfonso XII y ministro de Ultramar y de Gracia y Justicia en el período de la regencia de María Cristina de Habsburgo-Lorena, años en el que Dolkowsky escribe su texto.

[90] Al final del texto aparece la firma de Eduardo Dolkowsky y, entre paréntesis, la palabra Continuará.

D. Carlos perdía la paciencia con las palabras del árabe, aunque estaba cohibido con la calma y la tranquilidad solemne con que hablaba y cuando calló le dijo:

-Juzgáis muy a la ligera la civilización europea y, sobre todo, la raza española, tan diferente a la vuestra y cuyas virtudes desconocéis completamente. No niego que los árabes hayan dejado algunos vestigios, muy pocos, de su dominación en el mediodía de España; pero de eso a la similitud que queréis establecer entre ambos pueblos hay una distancia enorme. Olvidáis, al hablar de razas, el elemento etiópico, que casi forma la base de nuestra población y es un factor importantísimo en vuestro carácter y en vuestras costumbres; elemento que no figura para nada en el pueblo español, el más viril, el más sobrio y el más valiente de Europa, como lo prueba su gloriosa epopeya contra el Capitán del siglo, cuando el coloso dictaba leyes a todas las naciones y a todos los reyes, vencidos y humillados. El pueblo español, no está corrompido ni enervado, es siempre el mismo pueblo que peleó tres siglos contra el poder de Roma y setecientos años contra los Califas; el que primero abatió las águilas del imperio napoleónico y el que mañana combatiría hasta morir contra cualquier extranjero que osara pisar el suelo sagrado de la patria.

No hay punto de comparación entre la noble raza ibérica y las razas sometidas al islamismo, llamadas a desaparecer, porque llevan en su seno, gérmenes de muerte, el fatalismo, la poligamia, la supresión de la familia, el envilecimiento de la mujer y la esclavitud, es decir, el Corán, que consagra todas esas aberraciones. No acepto ni puedo aceptar tus sofísticos argumentos.

Sidi Mahomet se levantó, dejando su pipa sobre el diván, dio unos pasos en el salón y parándose delante de su interlocutor, le dijo con un acento de afabilidad que yo no esperaba:

-No quiero lastimarte, Cristiano; estás en mi casa y te debo hospitalidad; pero tengo que hacerte varias objeciones y si eres justo, si la pasión no te ofusca, perderás algunas ilusiones y saldrás de algunos errores que son los errores de todos tus compatriotas, según he tenido ocasión de observar en mis viajes por tu hermoso país. Decís que la raza etiópica no ha dejado vestigios en el pueblo español, cuando los negros han sido una parte importante de nuestros ejércitos y vinieron a España en todas las invasiones que siguieron a la del siglo VIII, según lo comprueba vuestra historia, que es también la nuestra. Vuestros navegantes ejercían la trata desde el siglo XV, importando millares de esclavos que arrancaban del litoral africano, y sin ir muy lejos, en la avecina Gran Canaria existían en el año 1677, nada menos que 6.478 hombres de color, en estado de llevar armas. No soy yo quien lo dice sino el P. Sosa[91].

Añadid las mujeres y los niños, calculad el aumento natural de población en treinta años y tendréis, a principios del siglo XVIII, un contingente importantísimo de sangre africana en aquella parte de España: lo mismo pasaba en otras provincias, y sin embargo afirmáis que los negros no han entrado para nada en la formación de vuestra raza. Me contestaréis que ya no existen p. e. en Gran Canaria, gente de color, lo cual será cierto, pero como la raza negra no ha sido exportada, ese hecho sólo viene a significar que se ha fundido en la raza blanca.

Habláis de la guerra de la Independencia y yo te aseguro que el pueblo español, que se levantó unánime contra el invasor, no entendía en 1808 el concepto de patria y libertad, tal como ahora se entiende. José Bonaparte traía una constitución liberal, la abolición de todos los privilegios y derechos feudales y de golpe ponía la nación española a la altura de las más adelantadas; pero ese pueblo no deseaba ni quería libertades de que ni siquiera había oído hablar. La guerra de la Independencia fue una guerra religiosa y las inmortales hazañas de Bailén, de Zaragoza y de Gerona, las debéis al fanatismo religioso. Los frailes predicaron una cruzada contra Napoleón y contra Francia e hicieron un catecismo que autorizaba hasta el asesinato de los herejes, que os habían arrebatado a vuestro rey Fernando el representante de Dios en la tierra. Medio millón de soldados del imperio empaparon con su sangre el suelo de la Península y no cayeron en batallas campales sino bajo el puñal de los frailes, de las mujeres y de los paisanos. Aquella fue la más terrible de todas las guerras, la del pueblo al ejército; mas como el fanatismo religioso ya no existe,

---

[91] *Topografía*, libro 1°, cap. 1°, pág. 20 (Nota del autor). Se refiere a *Topografía de la Isla Afortunada de Gran Canaria* (1849), de Fray José de Sosa.

hoy no podríais repetir los milagros de aquel tiempo, porque no tenéis ideal alguno: negáis a Dios y no amáis al Rey ni a la Patria.

¿Queréis la prueba que de que la guerra de la Independencia fue una guerra religiosa? Voy a dárosla. Ejércitos formidables, mandados por los primeros generales del Imperio Masséna[92], Lannes[93], Soult[94], Ney[95], nunca poseyeron en vuestra patria más que el suelo que ocupaban, porque los españoles creían llevar a cabo una obra

[92] André Masséna (Niza, 6 de mayo de 1758-París, 4 de abril de 1817) fue un militar de éxito en las Guerras Revolucionarias Francesas. Al servicio de Napoleón Bonaparte, obtuvo sonadas victorias, pero también derrotas en los frentes italianos. Como mariscal, se le asigna la campaña de Polonia en 1807, por cuya empresa Napoleón le otorga el título de duque de Rivoli. No obstante, fracasó en la invasión a Portugal en 1810. En varias ocasiones estuvo envuelto en casos de saqueos injustificados y de corrupción. Con la caída de Napoleón se puso al servicio del rey Luis XVIII, y no dio la cara por el emperador cuando huyó de la isla de Elba y se dirigió hacia París.

[93] Jean Lannes (Lectoure, Gers, 10 de abril de 1769-Ebersdorf, 31 de mayo de 1809), fue un militar al servicio de Napoleón Bonaparte, quien le admiraba y le trataba como verdadero amigo. Se distinguió en diversos frentes, tanto en Italia como en centro Europa, Prusia y Polonia, también en España donde logró una victoria sobre el general Castaños (Batalla de Tudela) y la capitulación del sitio de Zaragoza. También participó en campañas del Próximo Oriente. El emperador le otorgó el título de príncipe de Siévers y duque de Montebello (1808), poco antes de morir debido a una grave herida en el frente.

[94] Jean-de-Dieu Soult o Nicolás de Juan-Soult (Saint-Amans-la-Bastide, Tarn, 29 de marzo de 1769- Saint-Amans-Soult, 26 de noviembre de 1851) fue un militar que participó en diversas campañas de las guerras napoleónicas. Formó parte de la victoria en Austerlitz (1805) y participó en la guerra contra Rusia y Prusia (1806-1807), siendo enviado a España convirtiéndose en una figura destacada de la Guerra de la Independencia desde finales de 1807, de tal manera que Napoleón le nombró comandante en jefe de las tropas francesas en España, siendo derrotado por las fuerzas anglo-españolas. Practicó el saqueo en Andalucía en beneficio del emperador y en el suyo propio. Tras la Restauración francesa, Luis XVIII le nombró ministro de la guerra, pasándose al servicio de Napoleón tras su huida de la isla de Elba hasta su derrota en Waterloo (1815). A pesar de que fue desterrado como represalia, el rey le llamó nuevamente recobrando el grado de mariscal y ocupando cargos políticos durante el reinado de Luis Felipe de Orleans.

[95] Michel Ney (Saarlouis, 10 de enero de 1769-París, 7 de diciembre de 1815) fue mariscal del ejército francés, participando en las Guerras Revolucionarias Francesas y en las Guerras Napoleónicas. Destacó por su arrojo y sabiduría estratégica en diversos frentes, participando en la Guerra de la Independencia española. Apoyó a Napoleón tras su huida de la isla de Elba y participó a su favor en la Guerra

piadosa exterminando a los imperios que habían profanado los templos, aprisionado al Papa y guillotinado a Luis XVI; pero en el año 1823, cien mil franceses se pasearon arma al brazo, desde los Pirineos hasta Cádiz sin disparar un tiro, siendo recibidos con aclamaciones y festejos, ¿Sabéis por qué? Porque ya entonces el clero os predicaba que eran los hijos de San Luis y los descendientes de los Cruzados que venían a restablecer la Inquisición, a destruir la Libertad y a asegurar el despotismo de vuestro muy amado Fernando.

-Pero si todo lo que decís, interrumpió el español, es incongruente e inoportuno y en nada destruye mis afirmaciones de la decadencia inevitable y fatal de tus imperios y de tu raza, decadencia que trae su origen de vuestras creencias y vuestras costumbres, contrarias a todo progreso y a todo adelanto porque os lo impone vuestra religión. Repito que el Corán es el origen de todos vuestros males.

-Te engañas, replicó el Moro; Mahoma es el continuador de Moisés, y ya que de creencias hablas, debo añadirte que la religión de Cristo perdió su carácter original al ser aceptada por Constantino y los Césares, y la pura unidad del Dios hebreo (que es nuestro Dios) se perdió en los dogmas trinitarios y en la apoteosis de María. Vosotros, en todo y por todo, sois paganos e idólatras que habéis rebajado el Dios de Abraham, el Dios de Moisés, el Dios monoteísta del desierto al nivel de los dioses del Gentilismo. Los días de la semana y los meses del año llevan los nombres de las antiguas divinidades, de los antiguos Césares, de la antigua numeración romana. El verbo, concepto fundamental de la fe cristiana, es un concepto platónico-alejandrino; la canonización de los Santos ha sustituido a la apoteosis de los héroes; las fiestas de la Candelaria como las fiestas lupercales, están consagradas a la Luz; y en fin el agua lustral, los exvotos, las procesiones, las hogueras de San Juan, la piedra de Ara, la mitra y casi todos vuestros ornamentos sacerdotales son tradiciones más o menos desfiguradas de Grecia y de Roma. Los antiguos dioses, las ninfas, las dríades y las nereidas se han convertido en ángeles, en arcángeles y serafines.

---

de Waterloo, tras cuya derrota fue hecho prisionero y declarado traidor ante un Consejo de Guerra, siendo fusilado en 1815 en la nueva Francia de Luis XVIII.

Nosotros los Mahometanos somos los continuadores de las tradiciones bíblicas y tenemos una idea más grande de la Divinidad que vosotros los Cristianos, herederos del paganismo, que habéis disfrazado pero no destruido. Te has atrevido a echarme en cara la poligamia y la esclavitud y te convenceré de que ninguna de estas instituciones ha causado la decadencia de los imperios mahometanos. Existían cuando nuestros ejércitos triunfantes se desbordaban desde los desiertos de Arabia hasta las llanuras de Provenza, cuando dominaban sobre tres continentes, cuando nuestras flotas cubrían las aguas del Mar Mediterráneo y cuando florecía la civilización árabe de que tanto aprendieron los bárbaros de Europa. No nos daña, pues, la poligamia, ni los europeos tienen derecho a censurarla: yo por mi parte, no sólo la defiendo sino la proclamó *urbi et orbi* un elemento de moralidad y de progreso y una institución del porvenir. Con la poligamia sucede lo mismo que con la pena de muerte; la rechazáis como institución y no la queréis legalmente porque os reserváis su uso particular cuando os conviene. Los mismos que han declamado contra el patíbulo son los que individual y colectivamente han sacrificado a sus enemigos en 1793, en 1830, en 1848 y en 1870, llegando en su furor a inmolar víctimas inocentes, niñas que no tenían la edad del crimen, como las niñas de Verdún y ancianos virtuosos e inofensivos como el abate Fénelon[96].

Sospecho que la sensiblería de vuestros pretendidos filántropos, no es más que un cálculo de los que, viviendo en continua lucha contra los poderes constituidos y en conspiración permanente, temen caer de un momento a otro en manos del verdugo. Y lo repito, vuestras declamaciones contra la poligamia provienen también de la hipocresía y cálculos de conveniencia. No la queréis legalmente por no imponeros la obligación de sostener hasta la muerte a vuestras mujeres y a vuestros hijos, pero existe oculta, en las sombras, y, como todo lo que se oculta, es criminal.

[96] François de Salignac de la Mothe, conocido como François Fénelon (Sainte-Mondane, 6 de agosto de 1651 - Cambrai, 7 de enero de 1715), fue teólogo, poeta y escritor, arzobispo de Cambrai en 1695. Es autor de la novela *Las aventuras de Telémaco* (1699), una visión crítica de las políticas de Luis XIV. Tuvo problemas con su obra *Explicación de las máximas de los santos*, condenada por la Santa Sede.

En todas las ciudades de Europa, raro es el hombre que se contenta con su esposa y la mayor parte, altos personajes sobre todo, sostienen relaciones clandestinas con concubinas a quienes abandonan cuando han perdido las gracias y atractivos de la juventud, del mismo modo que arrojan a las inclusas los hijos que llamáis ilegítimos o naturales.

Legalizad la poligamia y suprimid las inclusas y evitaréis tales crímenes, porque crímenes son a los ojos de la Providencia, aunque no se enumeren en vuestros códigos, aún deficientes e inmorales, porque están en armonía con vuestras costumbres.

Otras razones, muy poderosas, vienen en apoyo de esa institución. La estadística enseña que hay en Europa un exceso de millones de mujeres sobre los hombres, lo que supone otras tantas víctimas, condenadas necesariamente al celibato o a la prostitución.

El celibato significa enfermedades sin cuento, el histerismo y la locura, la tisis particularmente, y en cuanto a la prostitución de sobra sabes las desventuras que acompañan la juventud y la vejez de las desgraciadas que toman el camino del vicio, por más que vosotros lo hayáis reglamentado, vigilado y explotado, vergüenza da decirlo, haciendo de los lupanares materia imponible, sujeta a contribuciones e impuestos.

Vuestra monogamia es una limitación al amor, ley constante de la naturaleza, alma del mundo. Las plantas, con sus amores misteriosos, la bacteria que flota en el vacío, el cetáceo que nada en el océano, todo ser animado se mueve y goza, reproduciéndose, en virtud de esa fuerza irresistible y fatal que constituye las delicias de la existencia. Así, pues, el profeta de Nazaret, tenía siempre palabras de consuelo para la mujer amante: "Yo te perdono, porque amaste mucho", dijo en una ocasión solemne. "El que esté libre que tire la primera piedra", contestó otra vez a los hipócritas acusadores de una desgraciada. Uno de vuestros más sabios doctores, Agustín *el de*

*Hippona*, escribió también una frase que viene en apoyo de mi tesis "Ama... y haz enseguida todo lo que quieras"[97].

Vosotros los cristianos no habéis llegado a comprender la sublimidad filosófica de esas palabras: si leyeras el Corán las comprenderías. Yo no pretendo que establezcáis la poligamia con la clausura del oriente, porque el harén y el serallo son incompatibles con las costumbres europeas, pero al menos tendréis que inspiraros en las reglas mormónicas y aprender mucho en las orillas del Lago Salado[98]. Y se arregláis esta cuestión por medio de la panacea con que queréis resolver todos los problemas sociales, el sufragio universal; si hicierais un plebiscito y aplicaseis a la poligamia el sistema de las mayorías y del número, que tanto os agrada, seguro estoy que las mujeres, principales interesadas, votarían a favor de esa institución. Desengañaos: el día que la hipocresía disminuya; cuando mejoren las costumbres y los seres más débiles como la mujer y el niño, estén debidamente protegidos por las leyes, la poligamia triunfará y el reconocimiento del género humano levantará estatuas a Mahoma, a José Smith[99] y a Brigham Young[100].

---

[97] Escritor y teólogo, San Agustín (m. 434) fue obispo de Hipona, localidad del norte de África. Trece libros autobiográficos dieron lugar a sus *Confesiones*, mientras que veintidós constituyen *De Civitas Dei* (412-426), de gran divulgación dados los temas conceptuales que aborda, oponiendo el cristianismo al paganismo, y de donde procede la frase que se menciona en el texto de Dolkowsky.

[98] El Gran Lago Salado (Great Salt Lake) se encuentra en Utah. Aquí se establecieron desde 1847 miembros de la Iglesia de Jesucristo de los Santos de los Últimos Días (mormones), surgiendo la Salt Lake City.

[99] Joseph Smith Jr. (Sharon, Vermont, 23 de diciembre de 1805-Carthage, Illinois, 27 de junio de 1844) fundó el Movimiento de los Santos de los Últimos Días, al cual pertenecen La Iglesia de Jesucristo de los Santos de los Últimos Días y la Comunidad de Cristo. Publicó en 1830 El Libro de Mormón, a partir de una revelación ocurrida años atrás en que se le apareció un ángel que le encomiaba a restaurar la iglesia cristiana original. Perseguida la iglesia por sus creencias -admite la poligamia- terminaría asesinado tras su encarcelamiento.

[100] Brigham Young (1 de junio de 1801-29 de agosto de 1877) fue el segundo líder de La Iglesia de Jesucristo de los Santos de los Últimos Días. Miles de seguidores de esta iglesia serían trasladados desde Nauvoo (Illinois) a Salt Lake, actual estado de Utah, del que fue su primer gobernador.

D. Carlos estaba estupefacto, se impacientaba y me parece que llegó a dudar de la integridad de las facultades intelectuales de la cabeza del árabe; pero como el astro del día iluminaba ya el patio y las flores empezaban a exhalar sus suaves perfumes, yo, que embelesado en tan interesante diálogo no había despegado mis labios, creí esta vez prudente cortar la discusión y dirigiéndome a ambos interlocutores les dije:

-Acepto que la civilización europea adolece de grandes y numerosos defectos; que el niño, la mujer y el obrero, no encuentran en las leyes la protección debida, pero, excepto en Francia, donde el aumento de los factores no alteraría el producto, creo que la poligamia aumentaría en lugar de disminuir ciertos males, complicando más y más con el aumento de población los pavorosos problemas sociales que por el momento agitan al mundo. Afortunadamente la poligamia entre nosotros es una utopía.

-¿Por qué?, preguntó mi colega.

-Por las suegras, contesté. En Europa, si es algo difícil que un hombre viva en paz con una sola mujer, es completamente imposible domar a una suegra, y con la poligamia: ¿Quién resistiría a dos, tres o veinte suegras? Los suicidios aumentarían hasta el infinito.

El árabe se echó a reír, D. Carlos también, y nos separamos amigablemente de nuestro simpático e ilustrado huésped, que nos despidió cortésmente en la puerta como pudo hacerlo el más perfecto hidalgo español o el más correcto *gentleman* inglés[101].

A la noche siguiente apareció en el Hotel inglés el Sr. Hurtado de Mendoza, y subiendo precipitadamente las escaleras, abrió sin llamar la puerta de mi cuarto, y me dijo:

-Nuestro Moro me ha proporcionado una nueva sorpresa y voy creyendo que es un hombre tan raro como sincero.

-¿Qué ha hecho?, le pregunté.

---

[101] El texto se cierra con la firma de Eduardo Dolkowsky y, entre paréntesis, la palabra Continuará.

-Acabo de recibir una carta que resume y aclara nuestro diálogo de anoche. Podéis leerla, copiarla y publicarla, si queréis, porque es muy interesante. Hela aquí[102]:

Suirá, el 7 del Yumada al-Thani 1308[103]

Sr. D. Carlos Olavarrieta y Hurtado de Mendoza

¡Allah te guarde y su grandeza te proteja! Asuntos de interés me llevan a Bagdad y no quiero partir sin dar una explicación a mis palabras de ayer. Saldrías de mi casa bajo una impresión, quizá desagradable; pero atribúyelo más que a mis deseos, a tus interrupciones que ni siquiera me dejaron completar mi pensamiento. Censuraste las costumbres e instituciones de mi patria, penetrando hasta en lo que siempre y en todas circunstancias debe respetarse, las creencias religiosas, y no es extraño que en el calor de la improvisación, al defenderme, salieran de mis labios palabras amargas, que tal vez hayan sido mal interpretadas. Habrás creído que abrigo odio hacia los españoles o que me inspiran antipatías, cuando a pesar de mi cosmopolitismo, que me ha hecho apreciar a las naciones europeas, guardo para España toda mi predilección y simpatías.

He recorrido la Península en todas direcciones, y al visitar vuestras principales ciudades, he contraído relaciones que me han hecho conocer vuestras bellas cualidades y altas virtudes, superiores sin duda a vuestros defectos: conservaré siempre gratos recuerdos de tu país y nunca podré olvidar la hospitalidad que he encontrado bajo ese cielo tan puro y encantador como la sonrisa de vuestras mujeres.

Voy a explicarte el sentido de mis palabras de ayer:

Nada diré de la cuestión de razas que provocaste; porque en los tiempos que corren ningún hombre serio debe preocuparse del color de la piel ni de la sangre, pues como dijo un poeta:

---

[102] En el manuscrito el texto se cierra con la firma "Eduardo Dolkowsky/ Puerto de la Cruz/ 7 Sept. 90". Seguidamente se inicia el V y último capítulo.

[103] Calendario árabe.

"Todos tus hijos somos:
el tártaro, el lapón, el indio rudo,
el tostado africano,
es un hombre, es tu imagen y es mi hermano"[104].

En cuanto a la cuestión que con tus provocaciones me hiciste tocar, debo manifestarte que creeríais que mi educación y mis viajes por Europa, ninguna influencia ha ejercido sobre mí, si no te confesara, como te confieso, que el profeta de Nazaret llevó a cabo una revolución pacífica, la más grande que han presenciado los siglos y que su doctrina (que no morirá jamás), redimió a la mujer y quebrantó las cadenas de los esclavos. El mundo romano agonizaba en el lecho de sus placeres e iba a morir en medio de la podredumbre de sus vicios y de sus crímenes, cuando el cristianismo vino a purificar aquella sociedad de epicúreos descreídos, civilizando más tarde a los bárbaros del Norte. No hay que dudarlo, la civilización actual es hija del cristianismo y perecerá con él[105].

No creas que me hago ilusiones sobre el porvenir de los imperios mahometanos. La suerte de África está ya decidida y los buitres del Norte se han entendido o están en vísperas de entenderse para el reparto de la presa. Preveo catástrofes y desgracias sin cuento, males que serían infinitamente menores si España estuviese en estado de desempeñar el papel que por su situación geográfica y por su historia le corresponde.

Sabemos lo que significa la llegada de los Anglo-Sajones a cualquier país donde puedan desarrollarse: *la desaparición de un pueblo y de una raza.* Los Ingleses transformarán ventajosamente el suelo, edificarán ciudades populosas, construirán vías férreas y cómodos puertos; pero en cambio las razas indígenas tienen que extinguirse al contacto de esa civilización absorbente y sistemática. No ha mu-

[104] Corresponde a los últimos versos de una de las odas filosóficas y sagradas de Juan Menéndez Valdés (Ribera del Fresno, 1754-Montpellier, 1817), titulada *De la presencia de Dios.*

[105] En el manuscrito, este texto es un añadido, escrito en cuartilla de pequeño formato.

cho publicaban los periódicos ilustrados el retrato de una mujer de Van Diemen[106], último representante de una raza extinguida, y los Pieles rojas, como los Australianos, bien pronto no serán más que un recuerdo histórico. Si los indios existen y existirán siempre en la península del Ganges, débese a que el clima es allí mortal para los europeos y a que los invasores, a la segunda generación, se aniquilan y mueren prematuramente bajo aquel sol abrasador.

A pesar de las crueldades que acompañaron la conquista de la América meridional, exageradas después de todo por los enemigos de España, es lo cierto que los indios, lejos de ser exterminados, crecieron considerablemente en aquel continente, mezclándose con los conquistadores y formando una raza mestiza que se encuentra en todas las colonias portuguesas y españolas, dominante hoy en aquellas regiones. Sin embargo de cuanto se ha escrito en sentido contrario, los aborígenes de las Canarias no fueron exterminados por los españoles, y documentos auténticos prueban que aquella raza desapareció fundiéndose con la raza conquistadora. En el archipiélago filipino viven cerca de ocho millones de indígenas, felices y tranquilos bajo un gobierno el más patriarcal del mundo.

Por eso hoy más que nunca lamento el atraso y decadencia de España y que haya descendido del rango que ocupó entre las naciones europeas y deploro que su voto y su espada no tengan el peso decisivo que tenían en los tiempos de Carlos V y Felipe II. Si entra en los designios de Dios que nuestros imperios desaparezcan, lloraré siempre que no toque a España la colonización del Norte del África, por ser el pueblo español, lejos ya de la intransigencia del siglo XV, el único capaz de asimilarse, civilizándolos, a los árabes y bereberes y a la desgraciada raza negra. Los ingleses y los germanos serán siempre en África extranjeros y enemigos que solo aniquilando a los indígenas podrán establecerse en un país que siempre les será hostil.

Creo conocer bien a los españoles, algo indolentes e impresionables como todos los meridionales; pero que, al lado de esos defectos,

[106] La Tierra de Van Diemen fue el nombre que se le dio a la isla de Tasmania, como homenaje a Anthony Van Diemen, gobernador general de la Compañía Holandesa de las Indias Orientales, promotora de la expedición (1642-1643).

propios del clima, abrigan virtudes que no encuentro en los hombres del Norte, tan fríos como calculadores y egoístas, sobre todo cuando se encuentran fuera de su país, como lo dice un ilustre histórico inglés, Maccaulay[107], tan apreciado por su imparcialidad entre sus compatriotas.

Poco importa al gabinete de S. James la ruina de otras naciones y si algo le preocupa es la prosperidad ajena: miente hipócritamente cuando se dice protector de los pueblos más débiles, pues entonces explota, especula y negocia vendiendo armas y municiones y fomentando discordias civiles. Su propaganda religiosa es también una negociación, los misioneros ingleses son poco menos que agentes de casas de comercio y en el mismo buque que esos *apóstoles* suelen embarcarse cargamentos de ídolos para las pagodas y cajas de opio para embrutecer a los desgraciados indios. Han perseguido la trata de negros, no por razones humanitarias, sino por envidia a la prosperidad de los países americanos y aún hoy si se preocupa el Gabinete inglés de la esclavitud, es como pretexto para mezclarse en los asuntos del África central.

Sus sacrificios pecuniarios en las guerras de la República Francesa y del primer Imperio le valieron la adquisición de las colonias holandesas y de otras naciones, que son hoy esos vastos territorios a donde emigran a millares los ingleses pobres, emigración que ha salvado la metrópoli de las guerras civiles y de las catástrofes sociales que algún día han de llegar, y tan grandes que la revolución del 93 podrá ser un idilio al lado de los excesos de un proletariado hambriento, en una nación donde la prosperidad se encuentra acaparada en unas cuantas manos y donde al lado de libertades e instituciones modernas existen privilegios y costumbres feudales.

La Gran Bretaña ha ensanchado sus dominios de una manera alarmante, pues no sólo domina en todos los mares sino que, apoderada de todos los estrechos, tiene bloqueado el globo, siendo además

---

[107] Thomas Babington (o Babbington) Macaulay (Rothley, Leicestershire, 25 de octubre de 1800 – Londres, 28 de diciembre de 1859), fue historiador, poeta y político. Su obra cumbre es *The History of England*, en la que hace una exaltación de la cultura de la Europa occidental.

dueña de países tan extensos como la India, el Canadá, la Australia, la Nueva Zelanda, el Cabo y el Egipto, imponiendo su tiránico y yugo a doscientos setenta millones de hombres, que no son ingleses.

Diplomáticamente se apoderó de la isla de Chipre y ahora aspira a la mejor parte del África, entrando en tratos (secretos por el momento) con su hermana la Germania, encaminados a repartirse el continente africano con exclusión de las demás naciones.

Ante un poder tan absorbente y ante una nación de un mercantilismo tan egoísta, tiemblo por el porvenir de mi patria y de ese temor nacieron las palabras que ayer te dirigí sobre la decadencia de España, y ojalá fuesen comprendidas por todos tus compatriotas y contribuyeran a vuestra grandeza y poderío hasta poder competir, como en otros tiempos, con la reina de los mares, que ha inferido agravios a todas las naciones y detenta a la entrada del estrecho un pedazo de tierra española[108].

Cuenta la Historia que Escipión el Africano lloró sobre las ruinas humeantes de la ciudad rival, que en Trasimeno[109], Caunas y Tesino[110] había hecho temblar a los hijos de la Loba[111]; pero cuando llegue el día supremo de la nueva Cartago, que llegará sin duda a pesar de su grandeza, porque los siglos son momentos en el reloj de la Providencia, nadie llorará a la que a nadie ha compadecido.

---

108 Alude a Gibraltar.

109 La batalla del Lago Trasimeno o batalla en Etruria (217 a. C.) enfrentó a las fuerzas de la República de Cartago, capitaneadas por Aníbal Barca, y las legiones romanas, con la victoria de los cartaginenses.

110 La batalla del Tesino (218 a. C.) corresponde a la segunda Guerra Púnica.

111 Se refiere a la Loba capitolina o Luperca, animal que según la leyenda amamantó a Rómulo y Rema, fundadores de Roma.

Quiera Allah, que en ese día, si la hora del Islam ha sonado y si está escrito que nuestros imperios desaparezcan, España, grande y poderosa, toque con su frontera meridional hasta el desierto de Sahara, alejando para siempre de estas regiones a las razas del Norte.

Que la paz sea contigo.

*Mohamed*

EDUARDO DOLKOWSKY

Puerto de la Cruz
25 de Septiembre de 1890